가르치는 기술

Original Japanese title:
KOUDOUKAGAKU WO TSUKATTE DEKIRU HITO GA SODATSU!
OSHIERU GIJUTSU
Text copyright ©2011 Jun Ishida

Original Japanese edition published by Kanki Publishing Inc.

Korean translation rights arranged with Kanki Publishing Inc.

through The English Agency (Japan) Ltd. and Danny Hong Agency

Korean translation copyright ©2016 by Book21 Publishing Group

화내지 않고
가르치는 기술

21세기북스

실은 나도 못난 상사였다

지금부터 여러분에게 전하고자 하는 내용은 수많은 리더들에게 요청을 받아 책으로 내야겠다고 결심하고 정리한 것들이다.

나는 강연이나 세미나, 기업 연수 등을 통해 리더나 관리직, 중견사원들을 만날 때마다 "생각만큼 성장하질 않는다", "아무리 시간이 지나도 일에 적응하지 못한다"라며 부하직원의 지도, 육성에 대해 절실하게 고민하는 모습을 목격해 왔다.

특히 젊은 리더들에게 많이 듣는 말이 "몇 번을 말해도 내가 전하고 싶었던 내용을 부하직원이 이해하지를 못해 나도 모르게 크게 화를 내게 된다", "부하직원 때문에 종종 조바심이 난다"라는 고민이었다. 베테랑 리더들의 경우에는 부하직원과의 연령 차이 때문에 고민하는 사람이 많았다.

그리고 세대와 관계없이, 일이 잘 되지 않는 원인은 부하직원에게 있다고 생각하는 경우가 많아 "그들이 진지하게 일을 하고 있지 않기 때문이다", "최근 신입사원들은 의욕이 부족하다"와 같은 이야기를 하곤 한다. 한편으로는 '부하직원을 잘 키워내지 못하는 것은 나의 탓이 아닐까?' 하고 고민하며 정신적으로 피폐해지는 상사도 볼 수 있었다.

그렇다면 인재를 육성하지 못하는 것은 가르치는 쪽인 '상사'와 배우는 쪽인 '부하직원' 중 어느 쪽의 책임일까? 이 책에서 소개하는 '행동과학 매니지먼트'의 관점에서 말하자면 실은 어느 쪽의 책임도 아니다.

가르치는 쪽이 '가르치는 방법'을 알지 못한다. 원인은 이 한 가지뿐이다.

현재 많은 기업들이 '부하직원을 어떻게 가르칠까?' 하는 문제를 전적으로 상사 개인의 능력이나 역량에 맡기는 것이 현실이다. 때문에 만약 상사가 '가르치는 방법'을 잘 알지 못하면 부하직원은 원하는 만큼 성장하지 못한다.

이런 말을 하는 나조차 예전에는 '부하직원에게 일을 가르친다', '인재를 육성한다'라는 생각을 해보지 못했다. 샐러리맨 시절, 처음으로 부하직원이 생겼을 때에는 정말로 무엇을 어떻게 하면 좋을지 몰라 간단한 OJT(On the Job Training, 현장실습 -옮긴이)를 2, 3일 정도 실시하고 "이제부터는 스스로 알아서 해라. 모르는 것이 있으면 물어보도록"이라는 말을 한 뒤 신입사원 교육을 끝내버렸던 기억이 있다.

창업을 한 후에도 사원들에게 "목표는 이런 것이니 어떻게든 해보게"라는 말만 했을 뿐 일을 하는 방법을 제대로 설명하지도, 자세한 지시를 내리지도 못했다. 더욱이 일의 의도나 의식을 제대로 이야기한 적도 없었다.

"못 하면 어떻게 하죠?"라는 질문에는 "할 수 있을 때까지 야근을 하면 되잖아"라고 대답했을 정도였다. 그야말로 '못난 상사'의 전형이었다. 만약 내가 부하직원이었다면 벌써 오래

전에 회사를 그만두었을 것이다. 그리고 그 말은 그대로 현실이 되었다. 어느 해 여름, 사원 10명이 한 번에 퇴직해버린 것이다.

이 사건을 계기로 스스로에게 문제가 있다는 사실을 깨달은 나는, 매니지먼트에 관련한 다양한 문헌을 조사하다가 미국에서 시작된 '행동분석학'에 기초한 매니지먼트 방법론을 알게 되었다. 이는 현재 유럽과 미국의 600개가 넘는 기업 및 공공기관에서 채택하고 있는 매니지먼트 방법이기도 하다.

이 방법론의 가장 큰 특색은 인간의 '행동'에 초점을 맞춘 것이다. 비즈니스 성과나 결과는 모두 사원 한 사람 한 사람의 행동이 모이고 쌓여 이루어진다. 때문에 결과나 성과를 바꾸고 싶다면 '행동'을 바꾸는 것 이외에 다른 방법은 없다. 반대로 행동을 바꾸면 원하는 결과와 성과를 얻을 수 있다는 뜻이기도 하다.

'성장하지 않는' 데에는 여러 가지 문제가 있다

그러면 '부하직원의 육성', '교육'에 관한 고민이 생기는 배경에 대해 간단하게 분석해보도록 하겠다.

첫 번째 원인은 옛날부터 존재해온 사고방식의 문제로, '일은 자세한 부분까지 배우는 것이 아니라 어깨너머로 배우는 것'이라는 사고방식이 지금까지 사람들의 의식 속에 뿌리 깊게 남아 있기 때문이다.

현재 상사들 중 다수가 그들의 상사나 선배에게 이와 같은 말을 들으며 성장해 왔을 것이다. 당신 역시 그럴지도 모르겠다. 자기 자신이 '상사나 선배에게 일의 내용을 자세히 배우는 경험'을 하지 않았기 때문에 자신 또한 부하직원을 자신이 배운 방법으로 육성할 수밖에 없는 것이다.

두 번째는 기업이 추구하는 인재상이 크게 변하고 있기 때문이다.

고도경제성장기에는 일본 경제 전체가 건강했고, 인구의 증가로 소비도 확대되었으니 새로운 것을 만들면 만드는 족족 잘 팔렸다. 때문에 그 시대에 필요한 인재는 회사의 명령에 따르며 묵묵히 성실하게 일하는 사람들이었다.

하지만 현재는 어떠한가? 기업도, 가정도 필요한 물건을 충분히 갖추고 있고 소비사회는 완전히 성숙해졌다. 이에 대응하기 위해 최근 일본에서는 현장에 있는 사람이 직접 제안을 하거나 문제를 해결해야 하는 경우가 점점 늘어나고 있다. 여기에서 필요한 것은 '스스로 생각하는 힘으로 리더십을 발휘하는 인재'이다. 하지만 상사들은 자신의 성과를 올려야 하기 때문에 일을 잘 하는 부하직원을 육성할 시간을 갖지 못하는 것이 현실이다.

그리고 세 번째는 사원들의 가치관이 다양해졌다는 것이다.

태어날 때부터 풍족한 환경에서 자란 세대는 그렇지 않은 환경에서 자란 우리가 상상하는 이상으로 다양한 가치관을 가진다. 예를 들어 예전에는 '월급을 많이 받고 싶으니 열심히 일하자!'라는 생각을 전체 사원이 공유하며 함께 단결할 수 있었지만 현재의 20대들에게 '월급을 많이 받고 싶다'는 생각은 수많은 가치관 중 하나에 지나지 않는다. 때문에 상사나 선배와 신입들 사이에는 '사고방식' 면에서 차이가 생기는 것이다.

또한 소위 유토리 교육(학생의 창의성과 자율성을 중시한 교육 방법으로 일본에서 2000년대 초반 본격적으로 도입되었으나, 이는 학생들의 학업저하를 불러일으켰다는 논란도 적지 않다 -옮긴이) 세대는 '운동회 달리기 시합에서 순위를 매기지 않는다'는 말이 상징하듯 경쟁심을 배우지 않고 자랐기 때문에 '경쟁심을 부추겨서 업적을 늘린다'는 매니지먼트가 통용되지 않는다.

이런 다양한 요인 때문에 지금까지 그렇게 중요하게 여기지 않았던 '가르치는 기술'을 모든 리더가 익혀야 할 필요가 생겨난 것이다.

'가르치는 기술'은 누구라도 익힐 수 있다!

'행동과학 매니지먼트'의 또 한 가지 특징은 '언제, 누가, 어디에서' 실시해도 같은 성과를 낼 수 있다는 점이다. 즉, 가르치는 쪽의 소질은 생각할 필요가 없다는 뜻이다. 이 매니지먼트 방법의 기초에 있는 '행동분석학'은 방대한 실험결과로 이끌어낸 과학적인 것으로 그 효과를 확실히 보장할 수 있는 것이다.

일반적인 매니지먼트 방법의 경우에는 뛰어난 리더가 자신의 경험이나 남다른 비즈니스 수완을 기초로 만들어낸 것이 대부분이다. 때문에 소위 '성공철학'은 일반 사람이 도저히 흉내 낼 수 없는 것이다. '행동과학 매니지먼트'와 기존 매니지먼트의 차이는 바로 여기에 있다. 이 기법을 도입하면서 우리 회사는 물론, 내가 강의나 컨설팅을 진행한 기업들 역시 깜짝 놀랄만한 속도로 실적을 올릴 수 있었다.

이 책의 테마인 '교육, 지도, 육성'에 있어서도 행동과학 매니지먼트는 매우 효과적이다. 왜냐하면 '가르친다'는 것은 배우는 쪽이 결과를 내기 위해 바람직한 행동을 익히게 하거나, 바람직한 행동으로 변하게 하는 것이기 때문이다.

'행동'을 개선해서 성과를 올리는 행동과학 매니지먼트의 노하우는 교육이나 지도, 육성 등 온갖 측면에서 활용할 수 있다. 예를 들어 많은 사람이 힘들어하는 '칭찬하기'나 '혼내기'와 같은 행위도 '행동' 그 자체에 초점을 맞춘다면 훨씬 쉬워질 것이다.

이 책에서도 역시 부하직원의 '행동'에 초점을 맞춰 더욱 확실하고 효율적으로 일을 가르쳐 '믿고 일을 맡길 수 있는 인재'로 육성하기 위한 방법을 소개하고 있다.

'금방 감정적으로 대응하게 된다', '종종 초조함을 드러낸다'는 사람도 '행동'에 초점을 맞추면 이런 고민에서 분명히 해방될 것이다. 또한 사람을 키우고, 그 사람이 성장해가는 모습을 보는 것이 즐겁다'고 느낄 수 있을 것이다.

전체 사원 중 20%의 사원이 전체 매출의 80%를 만들어낸다는 이야기가 있다. 바꿔 말하면 기업은 20%의 '일 잘하는 사람'과 80%의 '그렇지 않은 사람'으로 이루어져 있다고 할 수 있다. 행동과학 매니지먼트는 이 80%의 사람들을 '일 잘하는 사람'으로 바꿀 수 있는 매니지먼트 방법이다.

따라서 당신이 '가르치는 기술'을 갈고 닦으면 80%의 사람들을 확실히, 그리고 짧은 시간 안에 성장시킬 수 있을 것이다.

이 책의 특징 중 하나는 아무 페이지부터 시작해도 된다는 점이다. 먼저 이 책을 펼쳐 관심이 있는 페이지부터 읽어보길 바란다. 다 읽고 난 뒤에도 부하직원을 지도하고 육성하는 데 곤란한 일이 생기면 몇 번이고 다시 펼쳐보아도 좋다.

사람을 키우는 것이 가능한 사람이야말로 진정한 리더가 될 수 있다.

자, 지금부터 그런 리더가 되기 위한 레슨을 시작하자!

행동과학 매니지먼트 연구소 소장

이시다 준

목차

Chapter III 부하직원을 위해 할 수 있는 일

Chapter IV 어떻게 전달할까?

Chapter V 얼마나 가르치면 될까?

Chapter IX 이런 경우에는 어떻게 할까?

Chapter X 다수의 사람을 가르치는 경우

Chapter I

가르치기 전
가져야 할
마음가짐

01.

행동과학에서의

'가르치는 기술' 이란

프롤로그에 쓴 것처럼 매니지먼트 때문에 고생하던 내가 다양한 방법론을 공부하다가 만나게 된 것이 행동분석학에 기초한 매니지먼트 방법이다.

이 이론에 끌려 미국에서 유학 후 바로 자사에서 실천해본 결과, 사원들이 순식간에 활기를 보이며 그 후 5년 만에 매출이 약 5배로 늘어나는 등 기대를 훨씬 뛰어넘는 효과를 발휘했다.

하지만 이 방법은 미국인이 체계화시킨 것으로, 일본인의 감각에 맞지 않는 부분도 분명 존재했다. 기본적인 방법은 그대로 유지하되 일본의 비즈니스 실정에 맞춘 요소를 추가해 재구축한 것이 이 책에서 설명하는 '행동과학 매니지먼트'이다. 행동과학 매니지먼트의 기초가 되는 '행동분석학'이란,

그 이름 그대로 인간의 행동을 과학적으로 연구하는 학문이다. 그 목적은 무슨 이유로 이 행동을 하는 것인지, 이를 변화시키기 위해서는 어떻게 하면 좋을지를 해명하는 것에 있다.

행동분석학의 큰 특징은 다수의 법칙은 모두 실험결과를 통해 이끌어낸 과학적인 것으로, 재현성이 있다는 점이다. 즉, '언제, 누가, 어디에서' 해도 같은 결과를 얻을 수 있다는 것이다. 행동분석학과 마찬가지로 '행동과학 매니지먼트' 역시 올바르게 실천하면 누구나 착실한 결과를 낼 수 있다.

이 책에서는 부하직원을 교육하거나 지도할 때 도입하기 위한 구체적인 방법과 힌트를 모아두었다. 부하직원과의 관계를 잘 쌓고, 그들의 개성을 이끌어내 활발하게 활약할 수 있도록 만드는 유능한 리더들의 행동을 과학적으로 관찰·분석해 재현성 있는 형태로 정리한 것이다. 부하직원이나 후배를 교육하거나 육성하는 일 때문에 고민에 빠진 사람들의 '가르치는 기술'을 끌어올리는 데 분명 도움이 되리라 기대한다.

02.

문제해결의 열쇠는
'마음'이 아니라
'행동'에 있다

"아무리 가르쳐도 영업실적은 전혀 오르지 않는다"

"제대로 가르쳤는데 그대로 하지 못한다"

대체 왜 그런 것일까?

답은 간단하다. '가르치는 방법'이 적절하지 못했기 때문이다. 즉 바람직한 행동을 제대로 이끌어낼 수 없었다는 뜻이다. 그런데 이런 문제에 직면했을 때, 세상의 상사·선배들 중 대부분은 그 원인이 부하나 후배의 '마음'에 있다고 생각하기 마련이다.

'어리광을 부리며 자랐기 때문에 근성이 부족하다', '일을 대하는 열정이 결여되었다고 밖에는 생각할 수 없다', '우유부단한 성격을 어떻게든 했으면 좋겠는데' 등등.

부하직원이나 후배가 자신이 바라는 대로 업무능력을 발휘하지 못하는 원인을 그들의 성격이나 정신 상태에 있다고만 생각하고 고치지 않으면 개선의 여지는 없다. 애당초 심리학이나 정신의학 등의 전문지식이 없고 심지어 매일 많은 업무를 끌어안고 있는 비즈니스맨이 부하직원이나 후배의 '마음'을 고칠 수 있을까?

이 책을 통해 내가 전하고 싶은 것은 '행동'에 눈을 돌리는 것이 중요하다는 사실이다. 대상이 되는 사람의 '행동'을 관찰·분석하여

— 그것이 바람직한 것이라면 그 행동을 계속 실행하며 지속할 수 있도록 만든다.
— 행동이 틀렸다면 올바른 행동으로 바꾸기 위한 장치를 만든다.

이처럼 행동에 착안하여 그것을 개선하는 것은 결코 어려운 일이 아니다. 행동과학 매니지먼트의 기초가 되는 행동분석학에서는 '그 사람이 지금 현재 왜 이렇게 행동하고 있는 것인지, 그것을 변화시키기 위해서는 어떻게 하면 좋을지'를 테마로 1930년대 초부터 방대한 수의 실험과 연구를 실시해

왔다.

    그로부터 얻어진 과학적인 방법을 활용한다면 누구나 확실히 문제를 해결·개선해 나갈 수 있다.

03.

'가르친다'는 것은
무엇인가

'일을 가르친다', '공부를 가르친다', '요리를 가르친다', '골프를 가르친다', '도구를 사용하는 방법을 가르친다', '목적지까지 가는 길을 가르친다'

우리는 직장에서도 사생활에서도 매일같이 '가르친다'는 말을 사용하고 있다. 또한 '사람에게 무언가를 가르치기', '누가 무엇을 가르쳐주기' 역시 일상적으로 행하고 있다.

그렇다면, 당신에게 질문하겠다.

— OJT를 통해 신입에게 영업사원의 기본 스킬을 가르친다.

— 수학 수업에서 구(球)의 부피와 면적을 구하는 법을 가르친다.

— 처음으로 햄버그스테이크 만들기에 도전했다 실패한 남편에게 제대로 만드는 방법을 가르친다.

이런 세 가지 타입의 '가르치기'에 공통적으로 존재하는 것은 무엇이라고 생각하는가? 이 질문에 절대적인 정답은 없지만, 나의 해석은 이렇다.

— '가르친다'는 것은 상대로부터 '바람직한 행동'을 이끌어내는 행위이다

OJT를 활용한 신입연수에서는 비즈니스맨에게 적합한 명함 교환 순서나 호감을 이끌어내는 인사 방법, 상대의 이야기를 들을 때 맞장구치는 법, 고객의 니즈를 들을 수 있도록 이야기하는 법 등 다양한 '행동'을 전수한다.

수학 수업에서는 부피나 면적을 구하는 공식을 이해하고 그것을 사용해 계산하는 '행동'을 아이들이 습득하도록 교사들이 고군분투하고 있다. 그리고 부엌에서는 양파가 타지 않도록 볶고, 재료를 섞어 끈기가 생길 정도로 반죽해서 형태가 무너지지 않도록 햄버그스테이크를 뒤집는, 즉 '올바른 방법'으로 요리하고 있는지 남편의 옆에서 부인이 매의 눈으로 보고 있을 것이다.

결국 '가르친다'는 것은

— 배우는 쪽이 익히길 바라지만 하지 못하는 행동, 예를 들면 구의 부피를 구해 공식을 기억하고 필요에 따라 제대로 사용하는 일을 할 수 있도록 만든다.

혹은,

— 배우는 쪽의 잘못된 행동, 예를 들면 양파를 강한 불에 볶으면 타버린다는 것을 올바른 행동 즉 약한 불에서 천천히 볶는 것으로 바꾼다.

위와 같이 '바람직한 행동을 몸에 익히게 한다 / 바람직한 행동을 실천하게 한다 / 틀린 행동을 올바른 행동으로 바꾼다' 등의 행위라고 생각한다.

그리고 일반적으로 '행동'이라고 하면 몸을 움직여서 행하는 동작이나 행동을 연상하기 마련이지만, 행동과학에서는 이해하기, 기억하기, 생각하기와 같은 것들도 '행동'으로 분류하고 있다.

평소에 큰 의미를 두지 않고 당연한 듯 쓰고 있는 '생각한다'는 말을 '행동'이라는 키워드의 관점에서 새롭게 바라보면 지금까지 당신을 고민하게 한 '가르치기'를 둘러싼 다양한 문제를 해결하기 위한 한 걸음을 내딛을 수 있을 것이다.

'바람직한 행동을 이끌어낸다'

남에게 무언가를 가르칠 때는 항상 이 문장을 머릿속 어딘가에 담아두도록 하자.

💬 가르치기란?

가르친다

||

바람직한 행동을 이끌어낸다

약한 불에서 천천히

'몸에 익혔으면 하는 행동' / '틀린 행동'을

올바른 행동으로 바꾸는 것

04.

인정받고 싶기 때문에
성장한다

비즈니스맨을 육성하는 일과 육아를 비교하는 것에 위화감을 느끼는 사람이 있을지도 모르겠지만, 행동과학의 관점에서 보면 이 두 가지에는 많은 공통점이 존재한다. 기본적으로 아이들은 부모에게 인정받고 싶어서 '새로운 행동'을 익힌다.

두 다리로 서서 걷기 시작하는 것도, 많은 단어를 기억하면서 말을 잘 하게 되는 것도 그런 능력을 익힐 때마다 부모님이 크게 기뻐하며 칭찬해주기 때문이다.

그리고 이는 어른에게도 해당되는 말이다. 상사나 선배에게 인정받는 것은 부하직원이나 후배가 매우 열심히 일에 몰두할 수 있는 원동력이 된다.

입사 전 면접에서는 "함께 열심히 해봅시다!"라고 마음이 든든해지는 말을 해주는 상사지만 실제로 입사해보면 일을 할 때 지도해주거나 도와주는 경우는 거의 없고 "수치는 어떻게 나왔나?"라며 결과만 물어보는 경우가 많다. 만약 당신이 아이이고 부모가 학교 시험 결과만으로 당신을 평가한다면 어떤 기분이 들겠는가? '그렇게 심한 부모가 있을까', '그런 부모가 되고 싶지는 않다'고 생각하지 않을까? 나 또한 그렇게 생각한다.

하지만 이것을 상사와 부하직원의 관계로 바꿔 생각해보면 부하직원에게 '테스트 결과만으로 아이를 판단하는 부모와 같은 지도'를 하는 상사가 결코 적지 않다는 것을 알 수 있다. 유능한 성과를 올리는 유능한 사원은 그 '결과'에 따라 평소부터 상사에게 인정받으며 평가받고 있다.

하지만 아무리 노력을 거듭해도 '결과'를 내지 못하는 사원은 상사나 선배에게 칭찬을 받거나 인정받을 기회가 거의 없다.

만약 당신이 진심으로 부하직원이나 후배의 성장을 바란다면 일의 '결과'만을 주목하지 말고 후배직원이나 후배의 일하는 모습과 과정을 '인정'하는 것이 중요하다는 사실을 인식해야 한다.

05.

처음부터
일 이야기는
금지

신입사원이나 중도 입사한 사원, 다른 부서에서 이동한 사원 등 직장에 새롭게 추가된 인재와 신뢰관계를 쌓기 위해서 중요한 것은 무엇이라고 생각하는가?

그것은 '갑자기 일 이야기를 해서는 안 된다'는 점이다. 업무상의 파트너가 될 사람과 관계를 맺는 가장 첫 단계에서 필요한 것은 안심하고 일 이야기를 할 수 있는 토대를 만들어 두는 것이다.

토대를 만드는 방법은 지극히 간단하다. 사적인 이야기를 하면 된다.

예를 들어 취미에 관한 이야기나 주말을 보내는 방법 같은 이야기든 어떤 것이든 상관없다. 자신과의 공통점을 발견할 수 있다면 서로의 거리가 훨씬 줄어들 것이고 설령 공통점을 찾지 못해도 틀림없이 그 사람에게 친근감을 느낄 것이다.

'이 사람은 신용할 수 있을까?', '잘 해나갈 수 있을까?' 하는 불안을 안고 있는 상태와 '의지해도 괜찮을 것 같다', '나에게 마음을 열어주고 있구나' 하는 안도감·친근감이 있는 상태.

어느 쪽일 때 가르치거나 가르침을 받는 행위가 순조롭게 이어질 수 있는지는 굳이 말하지 않아도 알 것이다.

예전의 일본 기업에서는 일과 사생활 사이에 선을 긋기가 매우 애매했다. 아침에 출근하면 일을 시작하기 전에 약간의 세상 돌아가는 이야기를 하고 점심이 되면 사원식당에서 함께 식사를 하고, 야근을 끝낸 후에는 거의 매일 밤 함께 술잔을 주고받았고 심지어 주말에는 부하직원이 상사의 집에 놀러 가기까지 했다. 그리고 때로는 가족끼리 모여 함께 어디론가 외출하는 경우도 있었다. 지금은 이해할 수 없지만 예전에는 그런 교류가 결코 드문 일이 아니었다.

하지만 최근에는 새해 인사를 하기 위해 부하직원이 상사의 집을 방문하는 경우는 물론 명절이나 연말에 갖는 교류조차 사라져버렸다. 이처럼 안심하고 일 이야기를 할 수 있는 환경이 줄어든 요즘에는, 신뢰관계를 구축하기 위해 의식적으로 대화의 토대를 만들 필요가 생긴 것이다.

앞에서 이야기한대로, 말하는 내용은 극히 평범한 것이라도 상관없다.

당신 : 어제 축구 경기 봤나?

부하직원 : 국가대표 시합이죠? 봤죠. 과장님도 축구 좋아하세요?

당신 : 중학교 시절 축구부에서 활약했거든.

부하직원 : 아, 그렇군요! 어떤 포지션이셨는데요?

이렇게 대화가 이어지는 것이 이상적이다. 만약 약간 어색한 대화가 되어버려도 당신이 성의와 흥미를 가지고 부하직원을 대한다면 반드시 두 사람의 거리는 줄어들 것이다.

먼저 일 이야기가 아닌 사적인 화제를 꺼내자. 이 철칙을 잊지 말자.

06.

이직률은
커뮤니케이션 양에
반비례한다

회사원의 이직률은 상사와의 커뮤니케이션 양과 반비례한다는 사실이 밝혀졌다. 즉, 커뮤니케이션이 적을수록 부하직원의 이직률은 높아지며 커뮤니케이션이 많을수록 이직률은 낮아진다는 것이다.

또한 이전에 컨설팅을 담당했던 어느 기업에서는 사원끼리의 대면시간, 즉 커뮤니케이션을 할 수 있는 시간 등을 측정·기록하는 소형 컴퓨터를 사원 전원에게 휴대시킨 후 그 데이터를 분석했다. 그리고 같은 업무를, 같은 방법으로 실시하고 있는 영업부들을 서로 비교했더니 실적이 높아지는 조직은 그렇지 않은 조직에 비해 커뮤니케이션 양이 세 배 이상 많았다.

이런 사실 때문에 나는 기업 리더들에게 부하직원과 '언제·몇 분 정도' 대화를 했는지 수첩에 기록할 것을 제안하고 있다.

이런 기록을 만드는 것, 즉 '측정'하는 일은 매우 중요하다고 생각한다.

충분한 시간을 갖고 일에 대한 마음이나 앞으로의 목표 등을 천천히 들어볼 수 있는 면담을 일주일에 1, 2회 정도 가졌다면, 그 이후에는 월 몇 회, 5분이나 10분 정도라도 좋으니 반드시 이야기할 기회를 마련하도록 하자. 그리고 만약 초등학생 아이가 있어 주말에 운동회에 다녀올 것이라는 이야기를 들으면 주초에 "운동회는 어땠어요?" 하고 물어보길 바란다.

이것만으로도 부하직원이나 후배는 '나에게 신경을 써주고 있구나' 하는 생각을 하며 상사나 선배에게 더욱 두터운 신뢰감을 갖게 된다.

나아가 이런 배려는 본인에게도 좋은 작용을 할뿐만 아니라 이런 대화를 보고 들은 다른 직원들에게도 파급효과를 주게 될 것이다. 모두들 마음속으로 '이 사람은 이 정도로 부하직원을 생각하고 있구나' 하는 인식을 갖게 될 것이다.

당신의 행동이나 말을 주변 사람들은 상상 이상으로 좋게 보고 있다.

특히, 커뮤니케이션은 실무를 맡은 직원을 담당하는 과장이나 매니저에게 가장 중요한 능력이다. 사장과 부장의 커뮤니케이션 능력도 물론 중요하지만, 현장에서의 커뮤니케이션이란 그것과는 비교할 수 없을 정도로 막중한 것이다.

⌨ 이직률 추이

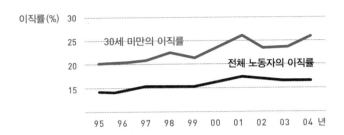

이직률(%)

30세 미만의 이직률

전체 노동자의 이직률

95 96 97 98 99 00 01 02 03 04 년

젊은이의 이직률은 매년 상승하고 있다.

* 출처 : 후생노동성 고용동향 조사

⌨ 퇴직의 이유

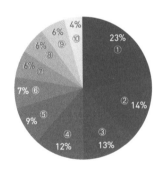

① 상사가 일하는 방식이 마음에 안 들었다
② 노동시간·환경이 불만이었다
③ 동료·선배·후배와의 관계가 좋지 않았다
④ 연봉이 낮았다
⑤ 일이 재미있지 않았다
⑥ 사장이 자기 멋대로였다
⑦ 사풍이 나와 맞지 않았다
⑧ 회사의 경영방침·경영상황이 변화했다
⑨ 커리어를 높이기 위해
⑩ 승진·평가에 불만이 있었다

퇴직의 가장 큰 이유는 상사의 업무 방식

* 출처 : 리쿠나비 NEXT

Summary

행동분석학의 법칙은 '언제, 누가, 어디에서' 실시해도
같은 결과를 얻을 수 있다.

성격이나 의지가 아닌 '행동'에 주목해야
개선이 가능하다.

가르친다는 것은 잘못된 행동을 올바르게, 바람직하게
이끌어주는 행동이다.

누구에게나 인정욕구가 있다. 결과나 숫자만이 아니라
행동과 과정도 인정하자. 인정은 가장 큰 원동력이 된다.

대화의 시작은 가벼운 사적인 이야기부터.

사람이 모이는 곳이라면 어디든 대화가 필요하다.
커뮤니케이션은 조직을 견고하게 만든다.

Chapter II

상사가
해야 할 일

07.

부하직원이 일하는
동기와 목적을
파악한다

당신의 인생의 목표는 무엇인가? 어떤 이유로 지금의 일이나 회사를 선택했는가? 일을 통해 손에 넣고 싶은 것은 무엇인가?

예전 일본에서는 기업의 목표와 사원이 가진 목표의 방향이 매우 가까웠다. 즉, 회사의 '이익을 올리고 회사를 크게 만든다'는 기업의 비전과 '많이 번다', '출세하고 싶다', '집을 사고 싶다' 등 개인의 목표가 같은 방향과 열정을 가지고 있었던 것이다.

하지만 지금은 상황이 완전히 변했다. 장래에 독립하기 위해 지금의 일을 하고 있는 사람, 가족과의 시간을 무엇보다 소중히 하는 사람, 고객에게 기쁨을 주는 것이 더없이 즐거운 사람 등 아마도 사원의 수만큼이나 많은 목표나 가치관이 존재할 것이다.

예를 들어 20대 초반의 남성사원에게 '남자라면 처자식을 먹여 살릴 만큼 힘을 길러야지!'라는 말을 해도 실감이 나지 않을 것이다. 어쩌면 '그런 생각을 가진 회사였나' 하고 실망하는 사람이 있을지도 모른다.

고도경제성장기에서는 회사가 '급여를 올려주겠다'고 말하면 사원들은 기뻐하며 열심히 일했을 것이다. 이런 관계성을 행동분석에서는 '회사가 급여를 올린다'고 제안함으로써 사원의 행동을 확립·조작한다고 표현한다. '확립·조작'이란 행동을 일으키기 쉽도록 하기 위한 장치를 뜻한다.

예를 들어 당신의 부하가 창업을 생각하여 그 첫 번째 단계로 지금의 일을 하고 있다면 "인맥을 넓히는 것은 장래에 도움이 될 것이다" 등의 어드바이스를 하는 것이 현재의 일을 대하는 데 큰 동기부여가 될지도 모른다. 또한 본인에게 지금의 일을 선택한 이유를 떠올리게 하는 것도 매우 효과적인 방법일 것이다.

이처럼 부하의 일이나 행동에 대한 확립·조작을 행하기 위해서는 일을 통해 어떤 식으로 성장하고 싶다는 생각을 갖고 있는지 파악해 둘 필요가 있다.

꼭 면담의 기회를 통해 그들의 목표나 생각을 들어보길 바란다.

08.

먼저
인간적인 모습으로
다가가자

가르치는 기술 05에서 새로운 부하직원과 신뢰관계를 만들기 위해서는 먼저 사적인 이야기를 해야 한다고 했다. 하지만 아직 그 효과에 관해 반신반의하는 사람들이 있을지도 모르겠다. 그렇다면 당신이 어느 세미나에 참석한 상황을 상상해보길 바란다.

세미나 내용이 설령 딱딱한 주제거나 어려운 화제라 해도 만약 강연자가 "실은 한국의 TV드라마 배우에게 푹 빠졌다"라거나 "프라모델 만드는 것을 매우 좋아해서 시간이 날 때마다 작품을 만들고 완성한 작품을 바라보곤 한다"라거나 "공처가라 부인 앞에서는 고개를 들지 못한다"라는 등의 인간미 있는 면을 보여주면 그 강연자에게 친근감을 느껴 본 주제에도 더욱 흥미를 갖고 듣게 되지 않는가?

이와 같이 부하직원과 상사가 서로 인간적인 측면을 공유하며 거리낌 없이 일 이야기를 할 수 있는 관계를 만들기 위해서는 먼저 상사인 당신이 자신에 관해 이야기하는 것이 가장 좋다. 말하자면 당신 자신의 인간성을 보여주기 위한 정보를 공개하는 것이다. 그렇게 하면 부하직원은 긴장감을 풀 수 있으며 자신에 대해 말하기 쉬워질 것이다.

구체적인 내용은 '좋아하는 책이나 음악, 영화, 스포츠', '오랫동안 계속하고 있는 취미나 지금 열중하고 있는 일', '존경하는 위인이나 좋아하는 저명인', '출신지 혹은 그곳에서 살았을 때의 에피소드' 등 시시한 것들이라도 상관없다.

이전에 어느 클라이언트의 회사에서 자기소개 항목 리스트를 만든 적이 있다. 이것은 사내 신입 환영회용으로 준비한 것으로 자기소개를 어려워하는 사람이라도 수월하게 말할 수 있도록 고안한 것이다.

참가자 전원에게 나눠주고 "그럼, ○○씨 먼저 맨 처음 두 개의 항목에 관해 이야기해 주십시오"라고 말을 건넸더니 말하는 데 어려움을 느끼는 사람이라도 "음, 그러니까 초등학생 시절 배운 것은…"이라는 식으로 쉽게 이야기를 꺼냈다.

당신도 꼭 한 번 자기소개 항목 리스트를 만들어 자신의 정보를 기입해 보길 바란다.

09.

성공담이 아닌
실패담을
이야기하자

일을 막 시작한 신입 등에게 일을 가르쳐주는 선배나 상사는 많은 경험이나 지식·스킬을 가지고 있는, 그야말로 동경의 대상이다. 그런 선배나 상사가 애써 실패담을 이야기할 필요가 있을까? 그런 의문을 갖는 독자들도 있을지 모르겠다.

그러나 아무리 일을 척척 잘 해내는 사람들일지라도 지금까지 셀 수 없이 많은 실패의 경험담이 있을 테고, 그렇기 때문에 '현재'가 있는 것이다. 하지만 그 과정은 신입들은 전혀 알 리가 없다. 때문에 눈앞에 있는 선배나 상사들은 처음부터 완벽하게 일을 잘 하는 사람이었다고 생각하기 쉽다.

그러니 꼭 성공담만이 아닌, "이런 실수를 한 적이 있다", "누구나 신입 시절에는 이런 일들을 전혀 이해하지 못했다", "이렇게 했더니 잘 되지 않았다" 등의 실패담을 솔직하게 이야기해보자. 그러면 '아, 이 사람도 나와 마찬가지구나' 하는 공감대가 생겨 선배나 상사가 가르쳐주는 것들을 쉽게 받아들이게 된다.

실패담을 이야기하면 또 한 가지 장점이 있다. 그것은 부하직원이 일을 할 때 선택지가 넓어진다는 점이다.

모든 비즈니스에서 성공을 위한 길이란 수없이 존재한다. 하지만 '나는 이런 방법으로 성공했다'는 이야기를 중심으로 지도하게 되면 부하직원은 '그러니까 이런 식으로 일을 하시오'라는 메시지로 받아들이게 된다. 하지만 반대로 '이렇게 했더니 실패했다'라고 구체적인 예를 들으면 그와 같은 확실히 잘못된 방법을 배제하고 그 외에 존재하는 여러 가지 방법 중에서 효과적인 것을 부하직원이 스스로 찾을 수 있게 된다.

단, 반드시 몸에 익혀야 할 기본적인 지식이나 스킬은 상사·선배가 부하직원이나 후배에게 구체적으로 또는 세세하게 가르쳐줄 필요가 있다. 이에 관해서는 Chapter III에서 자세히 설명하겠다.

10.

제대로 가르쳐야

시간을 단축할 수 있다

인재를 육성하는 일에 오랜 시간 관여해오며 실감한 것이 있
다. 그것은 사람은 간단히 키울 수 없다는 점이다.

이를 가장 절실히 느끼고 있는 이들은 아마도 아이들을 키
워본 경험이 있는 부모들이 아닐까? 그들은 '오늘 아이에게
한 말을 아이가 내일부터 당장 실천할 수 있을 것이다' 하는
생각은 전혀 하지 않는다.

새로운 일을 익히게 하기 위해서나 생활습관이나 학습습관
을 몸에 익히게 하기 위해서는 몇 번이고 반복해서 끈기 있게
가르칠 필요가 있기 때문이다. 경험을 쌓으면서 성인이 된 비
즈니스맨도 기본은 육아와 완전히 같다. 어느 교육에나 가르
침에는 어느 정도의 시간이 필요하다.

하지만 비즈니스의 시간축은 전혀 다르다. 바로 결과를 재

촉하며 그야말로 오늘 한 일의 결과를 오늘, 늦어도 한 달 후에는 보고 싶어 한다. '오늘의 목표는 이것이니 월말까지 이만큼의 성과를 올려야 한다'고 생각하며 부하직원들에게 과제나 할당량을 부여하는 것이다.

부하직원을 잘 교육하지 못해 고민하는 사람의 이야기를 들어보면 이 비즈니스와 습득의 시간축에 차이가 있다는 사실을 이해하지 못하는 사람들이 매우 많다. 사람을 키우는 입장인 리더나 관리직은 자기 마음속에 '단시간에 결과를 내는 비즈니스 시간축'과 '몇 개월부터 몇 년에 걸쳐 몰두해야 할 습득의 시간축' 양쪽 시간축의 개념을 가져야 한다. 그리고 습득의 시간축을 항상 의식하며 '이달 말까지 이것을 하시오'라는 지시나 요구를 내려야 한다.

기업의 경력자 채용은 인재육성에 걸리는 시간을 돈으로 산다는 측면이 있다. 프로 야구에 비유하자면 그 나름의 보수를 준비해서 국내외의 톱 선수를 기용하여 전력을 보강하는 것과 마찬가지인 것이다. 물론 나쁜 일은 아니지만 전부 그에 의지하려고 한다면 조직 전체의 성장이 정체해버릴 가능성도 부정할 수 없다.

왜냐하면 '사람을 키우는 경험'은 육성하는 쪽의 인간적, 조직적 성장을 가져오기 때문이다. 그러니 '언제, 누가, 어디에서' 실시해도 반드시 성과를 올릴 수 있는 기술을 제대로 실천하면, 부하직원을 육성하는 스킬이 높아지는 동시에 그 시간을 큰 폭으로 단축할 수 있을 것이다.

11.

한 사람 몫을 할 수 있도록
키우는 것은
의외로 간단하다

부하직원을 키우는 일은 확실히 어려운 일이다. 물론, 십 수 년에 걸쳐 인간을 제로부터 키워내는 육아의 어려움을 여기에서 구태여 말할 필요는 없을 것이다.

하지만 비즈니스라는 카테고리 안에서 '한 사람 몫으로 키우는 일'은 그 정도로 곤란한 것은 아니라고 생각한다. 왜냐하면 비즈니스라는 것은 매우 명확하게 해석할 수 있기 때문이다.

어떤 업종·직종이라도 각자의 프로젝트에는 확실한 미션이나 숫자로 명시된 목표가 있고 멤버들은 그것을 달성하고자 노력한다. 때문에 상사가 해야 할 일은 부하직원이 '정해진 미션이나 숫자를 달성할 수 있는 사람'에 가까워질 수 있도록 육성하는 것이다.

달성해야 하는 목표가 명확하기 때문에 그 방법이나 행동도 명확하게 계산해낼 수 있다. 명확한 목표가 없는 예술가를 키우는 일에 비하면 비즈니스맨이 한 사람 몫을 할 수 있도록 키우는 것은 실은 훨씬 간단한 일이다.

가르치는 기술 10에서도 언급한 대로, 교육에는 그 나름의 시간이 든다. 하지만 행동과학 매니지먼트에 기초한 방법대로라면 누구라도 쉽게 그리고 잘 가르칠 수 있으며, 육성에 걸리는 시간을 큰 폭으로 단축할 수 있다.

인내심을 가지고 키운 결과, '처음에는 그렇게도 일을 못 했던 녀석이 이렇게까지 성장할 수 있구나' 하고 보람과 감개무량함을 느끼는 경험을 한 번 하게 되면 사람을 키우는 것이 매우 즐거워질 것이다.

12.

부하직원의

고민을

듣는 방법

부하직원이나 후배의 육성에서 무엇보다 중요한 것은 상사나 선배인 당신이 '듣는 습관'을 확실히 몸에 익히는 것이다.

왜 부하직원이 말을 하지 않을까? 답은 간단하다. 상사가 먼저 말을 하기 때문이다.

부하직원의 고민을 상사는 이미 알고 있기 때문에 "실은 거래처에서 이런 일이…"라는 말이 끝나기 무섭게 "이렇게 하면 된다"라고 이야기를 가로채 버린다. 이렇게 하면 부하는 더 이상 이야기를 할 수 없게 된다.

당신은 평소 전혀 대화를 해본 적 없는 사람에게 본심을 쉽게 이야기할 수 있는가? 보통은 평소부터 자신의 이야기를 들어주는 상대이기 때문에 믿고 불만을 이야기할 수 있고, 상담하고 싶다고 생각하는 법이다. 어쨌든 상사인 당신은 '부하직원의 이야기를 듣는 행동'을 늘려가는 것을 대전제로 삼아야 한다.

그러면 제일 중요한 듣는 방법에 대해 이야기해보자.

먼저, 질문할 때는 순서가 있다. 부하직원과 얼굴을 마주치자마자 하는 말이 대뜸 "최근에 일하면서 곤란한 부분은 뭔가?" 같은 질문이어서는 안 된다. 이 질문에는 답이 뻔히 정해져 있을 텐데, 분명 부하직원은 "없습니다"라고 대답하겠지만 속으로는 '그런 걸 이야기할 분위기가 아니잖아!', '정말 섬세하지 못한 사람이네' 하고 생각할 것이다.

그렇다면 제일 먼저 던져야 할 질문은 무엇일까? 제일 먼저 할 질문은 전혀 고민할 필요 없이 누구라도 쉽게 대답할 수 있는 질문이어야 한다. 예를 들어 "점심밥은 뭘 먹었나?", "회사에 올 때는 몇 호선 전철을 타고 온다고 했지?", "아까 외출했을 때 비가 왔던가?"와 같은 질문이면 된다. 일단 중요한 것은 상대에게 말을 걸어 이야기를 이끌어내는 것이다. 그렇게 세상 돌아가는 이야기를 하는 동안 본심을 이야기하기 쉬운 분위기를 만든 후, 질문 레벨을 점점 높여가며 자리가 무르익었을 무렵 본론으로 들어가서 평소의 고민이나 불만, 질문 등을 이야기하도록 이끌어내야 한다.

많은 부하직원들에게 둘러싸여 끊임없이 상담을 해야 하는 위치의 사람도 있다. 그들은 특별히 의식하지 않고 이런 과정을 밟으며 상대의 이야기를 이끌어내고 있다. 그들과 같은 '행동'을 한다면 당신도 분명 잘 해낼 수 있을 것이다.

13.

지적하기 전에
자신을 먼저
체크하자

부하직원에게 일을 가르쳐도 그 성과가 기대만큼 오르지 않을 때, 이런 식으로 생각하는 사람이 있다.

'본인에게 의욕이 부족한 것이 원인이겠지', '그 녀석은 열정이 없어', '엄하게 혼내서 근성을 바로잡을 필요가 있어'. 이런 사고방식에는 두 개의 큰 오류가 있다.

먼저 하나는, 가르쳤는데도 불구하고 성과가 오르지 않는 것을 의욕·열정·근성이라는 '기분이나 성격'에 원인이 있다고 파악하고 있는 점이다.

행동과학의 시점에서 보면 모든 성과는 인간의 '행동'이 만들어내는 결과이다. 비즈니스의 세계는 그야말로 그 전형이라고 할 수 있을 것이다. 하루하루의 행동의 집적이 바로 업무 결과이기 때문에 항상 주목해야 할 것은 기분이나 성격이 아닌 그날 그날의 '행동'이다.

또 하나의 오류는 '나쁜 것은 부하다'라는 발상이다.

가르쳐줬는데도 불구하고 한 번에 성과가 오르지 않는 것은 왜일까? 실패의 원인은 상사가 부하직원에게 실시한 가르치는 방법 속에 숨어 있다.

예를 들어 '가르치는 스피드가 너무 빨랐다', '설명이 추상적이라 부하직원이 제대로 이해하지 못했다', '가르친 내용보다 더욱 기본적인 레벨에서 스타트할 필요가 있었다' 등 지도가 제대로 되지 않은 이유와 원인을 발견해 정확하게 개선시킨다면 그 부하직원은 분명 성장하여 성과를 올릴 수 있게 될 것이며, 상사도 '가르치는 기술'을 보다 진화시킬 수 있을 것이다.

일을 잘 하지 못하는 부하직원의 기분이나 성격 탓으로만 돌린 채 '기합을 넣어라!', '제대로 해라!'라며 질책해도 문제는 무엇 하나 해결되지 않을 뿐더러, 직장 내 분위기만 흐려 다른 멤버들까지 사기를 저하시켜버리는 일이 생길 것이다.

'부하직원이 나쁘다'고 단정 짓지 말고 자신의 가르치는 기술 중 어떤 스킬이 부족한지를 생각해보자.

Summary

Chapter II   상사가 해야 할 일

사람의 수만큼 일의 동기와 목적도 다양하다.
부하직원의 목표를 알고 그 목표에 가까워지도록 이끌어주자.

상사이기 전에 당신도 사람이다.
먼저 인간적인 모습으로 다가가자.

실패담이 당신과 부하직원 사이의
공감대와 유대감을 형성해준다.

습득의 시간을 이해하자. 직원 육성은 결국
육성하는 쪽의 인간적, 조직적 성숙으로도 이어진다.

대화의 시작은 언제나 가볍게 세상 돌아가는 이야기부터.

문제를 부하직원의 성격이나 의지 탓으로 돌리지 마라.
그리고 부하직원을 지적하기 전에 자신의 가르치는 기술을
점검하자.

Chapter III

부하직원을 위해
할 수 있는 일

14.

가르치는 내용을
'지식'과 '기술'로
나누자

그러면 여기서부터 구체적으로 어떻게 가르칠지 이야기해보자.

당신은 부하직원에게 일을 가르칠 때, 가르칠 내용을 먼저 정리하는가? 아니면 그 자리에서 생각난 것을 그대로 입으로 전달하는가? 자신은 어느 쪽인지 생각해보자.

물론 당연한 이야기지만 가르치기 전에 먼저 다시 한 번 내용을 정리해두는 편이 훨씬 수월하고 효율적으로 가르칠 수 있다는 사실은 의문의 여지가 없다. 아무 계획도, 줄거리도 없이 그저 머릿속에 떠오른 순서대로 가르치고 지시한다면 일이나 프로젝트의 목적이나 전체상을 파악할 수 없게 되어, 반드시 지시했어야 할 중요한 내용을 빠트리거나 같은 것을 몇 번이나 가르치게 되는 등 오히려 비효율적인 업무가 이루어질 것이다. 따라서 가르치는 내용의 정리가 필요하다.

그렇다면 가르치는 내용을 정리하기 위해 제일 먼저 해야 하는 것은 무엇일까? 바로 가르치는 내용을 '지식'과 '기술'로 나누는 것이다.

예를 들어 볼링을 처음 쳐보는 사람에게 볼링을 가르친다고 하자. 여기서 가르쳐야 할 '지식'에 해당하는 것은 투구 매너, 게임의 기본 규칙, 볼을 선택하는 방법, 볼의 회전과 궤도의 관계성, 스코어표에 나타난 기호의 의미 등일 것이다. 그리고 가르쳐야 할 '기술'은 볼을 잡는 법, 도움닫기 하는 법, 투구 폼, 볼을 컨트롤하는 방법과 같은 것이다.

스포츠와 다르게 비즈니스 현장에서는 '지식'과 '기술'의 선을 긋기 애매한 부분도 있지만 지식은 질문 받았을 때 대답할 수 있는 것, 기술은 하고자 할 때 할 수 있는 것과 같은 식으로 나누면 수월할 것이다.

가르치는 내용을 '지식'과 '기술'로 나누게 되면 지도 순서를 결정하기에도 편하고, 그 사람에게 어디부터 어디까지 가르칠 필요가 있을지에 대한 판단도 명확해지기 때문에 보다 체계적인 지도가 가능해진다.

또한 지도가 제대로 이루어지지 않았을 경우에도 다시 가르쳐야 할 내용을 '지식'과 '기술'로 나누어 기술이 미숙한 것인지, 지식이 부족한 것인지 체크해두도록 하자. 그러면 지도가 제대로 안 됐거나 혹은 부하직원이 충분히 이해하지 못한 부분이 명확해져 문제의 원인을 쉽게 발견할 수 있고, 원인에 맞게 추후 보강하여 의도한대로의 성과를 내거나 성장할 수 있게 된다.

📱 지식과 기술

	지식	기술
볼링의 예	· 투구 매너	· 볼을 잡는 법
	· 게임의 기본 규칙	· 도움닫기 방법
	· 볼을 선택하는 법	· 투구 폼
	· 스코어표 기호의 의미	· 볼을 컨트롤하는 법
	· 볼의 회전과 궤도의 관계성	
개점준비	· 전표 두는 장소를 안다	· 전날 인수인계서 내용을
	· 전표 읽는 방법을 안다	이해할 수 있다
	· 원금과 열쇠가 있는	· 점포 내 전기 스위치의
	장소를 안다	점등과 소등을 할 수 있다
	· 점포 잠금 장치의 구조를 안다	· 계산대의 기계를
	· 점포 내 BGM 장치의	순서대로 사용할 수 있다
	구조를 안다	· 정해진 위치에 재고를
		보관할 수 있다
		· 점포 문을 열 수 있다
		· 점포 내 BGM 음량을
		컨트롤 할 수 있다

15.

**아이에게
심부름 시킬 때를
떠올려보자**

나는 종종 세미나에서 수강생들로 하여금 '아이들에게 심부름 시킬 때'를 상상해보도록 시키곤 한다.

당신에게 항상 부탁한 것을 제대로 사오는 초등학교 6학년생 자녀가 있다고 가정하자. 1,000엔을 주고 하나에 80엔 하는 당근 세 개와, 하나에 100엔 하는 꽁치 두 마리를 사오라고 부탁할 때 어떤 식으로 지시를 내리겠는가?

이 경우에는, "80엔짜리 당근 세 개와 100엔짜리 꽁치 두 마리를 사다 줄래"라고 있는 그대로 말하면 충분할 것이다. 덧붙일 말이 있다면 "잔돈으로 이상한 것 사면 안 된다"라는 주의를 주는 정도일 것이다.

그렇다면 처음으로 심부름을 하는 초등학교 1학년생 자녀의 경우에는 어떨까?

분명 6학년생 자녀에게 했던 말처럼 "80엔짜리 당근 세 개와 100엔짜리 꽁치 두 마리를 사다 줄래"라는 말로 내보내지는 않을 것이다. 해야 할 일을 시간 순서대로 정리한 체크리스트를 만들고, 집 전화번호를 적은 종이를 쥐어준 후 "파란색 앞치마를 두르고 명찰을 단 사람이 점원이니까 잘 모르겠으면 그 사람에게 물어 보렴"이라는 조언도 덧붙일 것이다.

어쨌든 해야 할 일을 세세하게 나눠서 알기 쉽게 전달하는 것이 아이를 처음 심부름에 보낼 때 하는 지시·지도 방법이다.

사회인 역시 마찬가지이다.

예를 들어 개인 주택으로 출장영업을 보낼 때라면 먼저 이런 일을 해본 적이 있는지는 물론 모르는 사람의 집에 일로서 방문해본 적이 있는지 등의 세세한 부분까지 하나하나 제대로 체크해야 한다.

만약 홍보부에서 잡지 광고를 담당하게 한다면 잡지가 만들어질 때까지의 과정을 알고 있는지, 필요한 마케팅 용어를 숙지하고 있는지, 회사 밖 사람들에게 제품 특징을 설명한 경험이 있는지, 인쇄물의 교정을 볼 수 있는지 등의 내용을 체크해야 한다.

그리고 고객 상대 서비스라면 취급하는 상품에 대해 어디까지 알고 있는지, 전화 응대의 기본 매너를 몸에 익히고 있는지, 사용하는 전화기의 사용법은 알고 있는지 등을 체크하자.

우선은 누구나 생각할 수 있는 사항부터 시작하여 '이런 것까지 확인할 필요가 있을까?', '보통 당연히 알고 있고, 할 수 있을 텐데'라고 여기기 쉬운 세세한 부분까지 모두 다루도록 하자.

이처럼 해본 적 없는 '행동'을 가르칠 때는 처음 심부름을 보내는 아이를 대하는 것과 마찬가지로 0부터 제대로 분석하여 가르쳐야 한다.

16.

일 잘 하는 사람의 행동을
철저하게 '분해'하라

가르치는 기술 15에서 언급한 '행동의 분해'에 관해 조금 더
구체적인 설명을 하겠다.

어떤 업종·직종이든 그 업무는 수많은 '행동'으로 이루어
져 있다. 즉 앞서 언급한 대로 분해해 기록해 놓으면 가르쳐
야 할 것은 보다 명확해질 것이다.

물론, 어떤 업무를 가르치든 분해의 대상으로 삼아야 할 것
은 그 일을 어려움 없이 해결하고 유능한 성과를 거둘 사원의
행동이다. 왜냐하면 성과를 내는 사람은 성과를 내는 행동을
하기 마련이기 때문이다.

예를 들어 매월 실적 1위를 기록하는 영업사원이 있다면
그 사람의 하루하루의 행동을 세세하게 기록해 보는 것이다.
아침에는 몇 시에 출근하여 영업이 개시하는 시간까지 무엇

을 하였는지, 고객에게 전화를 걸 때 제일 처음 어떻게 인사하였는지, 담당자가 부재중인 경우에는 어떤 식으로 말을 남겼는지, 영업용 가방에는 무엇을 넣고 다니는지, 약속 시간보다 몇 분이나 일찍 방문 장소에 도착했는지, 명함을 건넬 때 어떤 말을 하는지, 처음 만난 담당자에게 먼저 어떤 이야기로 대화를 시작했는지, 그리고 방문 기록은 어떤 식으로 남겼는지 등 어느 것 하나하나 놓치지 말고 세세하게 집어내는 것이다.

그렇다면, 행동을 철저하게 분석한다는 것은 어떤 것일까? 이를 위해 과제로 '페트병 물을 컵에 담는다', '티셔츠를 입는다'라는 두 개의 행동을 분해해 보도록 하겠다.

물론 양쪽 모두 우리는 평소에 아무런 의식 없이 하는 행동들이지만 '페트병의 물을 컵에 담아본 경험이 없고, 하는 방법도 모르는 사람', '티셔츠를 입어 본 적이 없고, 입는 방법도 모르는 사람'에게 설명해준다고 가정하고 세세하게 분해하도록 하자(힌트: 양쪽 모두 처음에는 '페트병/티셔츠를 본다', 마지막에는 '페트병/티셔츠에서 손을 뗀다'이다).

다 썼다면 해답 예(222p)와 비교해 보도록 하자.

💬 **페트병의 물을 컵에 담는 행동을 분석해 보자.**

1. 페트병을 본다

💬 **티셔츠를 입는 행동을 분석해 보자.**

1. 티셔츠를 본다

생각 외로 과정이 너무 많아 깜짝 놀라겠지만, 어떤 행위를 전혀 모르는 사람이 그 행위를 완벽하게 행하도록 지도하기 위해서는 이 정도까지 분해할 필요가 있다.

물론 그렇기는 해도 부하직원의 일을 처음부터 이 정도까지 분해하는 것은 어려운 일일지도 모른다. 먼저 대략적으로 분해한 뒤 특히 중요하다고 느끼는 포인트를 잡아보자. 익숙해지면 점점 세세하게 분해하며 기록한다.

일에는 다양한 방식이 있다. 그렇기 때문에 여러 사원의 일하는 모습을 분해하는 것이 이상적이다. 그렇게 해 두면 그 사람만의 특별한 '행동'과 성과를 내기 위해 필수불가결한 '행동'을 분류할 수 있다.

그리고 그렇게 기록해 놓은 것은 그 업무의 '체크리스트'로 삼아 사용할 수 있다. 리스트에 써 놓은 행동을 그대로 재현하면 어떤 사람이라도 유능한 사원과 똑같은 성과를 올릴 수 있는 가능성이 높아지며, 리스트가 있으면 상사는 "여기는 잘 되고 있으니 앞으로는 이쪽을 중점적으로 연습하자"라는 식으로 지시를 내릴 수 있게 된다.

기업 방문 전

날짜 :   방문 장소(기업명·직책·이름) :

순서	체크항목
1.	☐ 옷차림을 체크한다.
2.	☐ 목적과 목표를 명확하게 확인하고 제안할 것을 준비한다.
3.	☐ 면담 목적과 상품 내용 설명(약속을 미리 잡는다)
4.	☐ 방문시간을 지킨다.
5.	☐ 명함 매수를 확인
6.	☐ 하루 스케줄표 작성 : 화이트보드에 방문 장소와 회사에 돌아오는 시간을 기입한다.
7.	☐ 방문 상대를 확인
8.	☐ 제안 이외의 여담으로 할 이야기를 준비한다.
9.	☐ 방문 전 인사 준비
10.	☐ 고객정보 파악
11.	☐ 차량 청소
12.	☐ 단골 거래처의 장소(입구) 확인
13.	☐ 상사와 스케줄을 공유한다.
14.	☐ 자신과 상사의 일지에 방문 '목적'을 기입한다.

이름 :　　　　　　확인자 :

비고

복장·걷는 법·자세·구취

5w2h에 기초해 목적·목표를 체크한다. 제안을 위한 준비물 점검

① 면담 일지에 언제, 몇 시, 누구와, 직함, 몇 명, 어디에서, 목적을 기입

② 제안서·견적서 부수 확인

늦어도 5분 ~ 10분 전에는 현장에서 대기한다.

사람 수대로 제안서를 준비한다.

자신이 담당한 방문처 루트를 확정하고 확정한 시점에서 화이트보드에 기입한다.

방문 상대의 직책, 직함, 이름을 확인(면담일지에 기입)

영업에 나서기 전에 어떤 화제로 대화를 시작할지 확인한다.

방문하기 전 날씨·최근 이슈와 같은 소재를 생각한다.

개시 5분 토크를 생각해둔다.

고객정보 시트를 확인한다.

① 차내 냄새 체크 : 담배를 피우지 않는 사람이 2주일에 한 번씩 체크한다.

② 물건 · 쓰레기 정리 : 회사로 돌아올 때 쓰레기를 남기지 않는다.

　　　　　　　　　일과 관계 없는 것은 두지 않는다.

③ 매월 1회씩 세차

회사 근처일 경우에는, 회사와 거래처의 거리를 확인한다.

먼 곳이라면 홈페이지를 통해 거리를 확인해둔다.

① 영업 개시 직후에 하루 스케줄을 확인하고, 조례에서 스케줄을 보고한다.

② 매일 아침, 저녁 2회 상사의 스케줄을 확인하고 동행을 의뢰한다.

목적 · 준비물 란이 기입되어 있는지를 확인한다.

17.

부하직원이 알고 있는 것,

할 수 있는 것을

파악하라

체크리스트가 완성되면 다음으로 할 일은 담당 부하직원이 그 일에 대해 어디까지 알고 있는지, 어디까지 가능한지를 확인하는 것이다.

'아무리 그래도 이 정도야 알고 있겠지', '이건 분명히 할 수 있을거야'라고 이렇게 멋대로 믿는 것은 금물이다. 특히 다른 부서에서 이동해 온 사원이나, 중도입사한 사원 등 지금까지와는 다른 경험을 쌓아 온 사람일수록 더욱 신경 써서 체크할 필요가 있다.

가르칠 대상을 '지식'과 '기술'로 나누도록 **가르치는 기술 14**에서 이야기했듯, 먼저 '지식'을 체크하도록 하자. 여기에는 일문일답 형식의 테스트가 가장 적합하다.

질문 항목은 가르치는 일에 관계된 전문용어(특히 업계나 그 부서 특유의 용어), 성과를 내기 위해 중요한 포인트 등을 체크리스트에 담아 만든다.

— ㅇㅇ라는 말을 알고 있는가? (알고 있는 경우) 그 말의 의미는 무엇인가?
— ~와 같은 고객의 불만이 있을 경우, 그 내용은 어느 부서에 전달하면 좋은가?

이런 것들을 구두로, 혹은 손으로 써서 대답하게 한다.

귀찮다고 생각할지도 모르겠지만 한 번 만들어 놓으면 같은 일을 다른 신입에게, 경험자에게 가르칠 때 그대로 활용할 수 있다.

한편으로 '기술'은 업무를 유사체험 할 수 있는 롤플레잉 형식으로 만들어 실제로 해보게 한다. 이 때 중요한 것은 사전준비로 체크리스트를 기초로 해서 '점검해봐야 할 포인트'를 미리 정해두는 것이다. 예전 모 기업에서 실제로 실시하고 있는 영업사원 롤플레잉을 견학할 기회가 있었는데, "오오, 분위기가 좋군"이라는 식의 애매한 피드백만 하는 상사를 적지 않게 보았다.

롤플레잉 후 부하직원을 현장에 데리고 나갈 생각이라면,

이 단계에서 체크리스트와 비교하면서 점검하고 '가르쳐야 할 것'을 명확하게 가르쳐 두어야 한다. '알고 있는 것', '할 수 있는 것'을 파악할 수 있다면 체크리스트와 대조하면서 그 부하직원에게 가르쳐야 할 것이 무엇인지 명확히 알게 된다.

💬 **일문일답 테스트의 예**

Q1. 전화를 할 때 주의해야 할 세 가지는?

1.

2.

3.

Q2. 손님과 상품에 대해 이야기할 때 건네야 할 것들은?

A1.   1. 세 번 울리기 전에 받는다.

2. 전화 옆에 높아둔 대응 답안 예를 보면서 이야기 한다.

3. '전화 주셔서 감사합니다'를 맨 처음에 이야기 한다.

A2.   회사안내, 성공 사례집, 소책자, 명함, 할인 체험 티켓

Summary

Chapter III   부하직원을 위해 할 수 있는 일

가르치는 내용을 '지식'과 '기술'로 나누자.

자신에게 너무도 자연스러운 이 일은
처음 시작하거나 경험이 없는 사람에게는
매우 생소한 일임을 잊지 말자.

유능한 직원의 일하는 모습을 세세하게 분해해보자.
그리고 이를 매뉴얼로 만들어놓자.

부하직원이 현재 '알고 있는 것'과 '할 수 있는 것'을 파악해야
어디서부터 어떻게 가르칠지 명확해진다.

Chapter IV

어떻게
전달할까?

18.

지시나 지도는
구체적인 표현으로
언어화한다

'진심을 담아서 접객해라'

'확실히 해라'

'가능한 한 빨리 제출해라'

이 세 가지 지시 방법에서 공통적으로 찾을 수 있는 것은 무
엇이라고 생각하는가?

정답은, 모두 다 표현이 애매하며 추상적이라는 점이다. 행
동을 지시할 때는 가능한 구체적으로 표현할 필요가 있는데
도, 실제로는 이런 애매한 표현밖에 못 쓰는 상사가 매우 많
은 실정이다. 상사가 이렇게 표현하면 부하직원은 어떻게 행
동하면 좋을지 알 수 없게 된다.

특히 너무 유능해서 어떤 일이든 감각적으로 처리할 수 있

는 상사일수록 주의해야 한다.

'진심을 담아서'라는 표현의 경우, 예를 들어 '상품은 반드시 양손으로 건넨다', '그런 다음 손님의 눈을 보며 인사하고 그대로 3초 동안 정지한다'라는 식으로 구체적으로 표현하면 누구나 이 매뉴얼대로 행동하게 된다. 그러면 손님도 언제 방문하든 '이 가게는 항상 변함없이 진심을 담아 접객을 한다'라고 느낄 수 있을 것이다.

'가능한 빨리'라는 표현은 사람에 따라 예상 기간이 전혀 달라지므로 '내일까지', '월요일 아침까지', '이번 달 중에' 등으로 구체적인 시점을 명확히 지정해줘야 한다.

그리고 또 한 가지 있을 법한 것이 '고객 제일주의'와 '이익추구'와 같은 상반되는 내용을 동시에 추구하는 지시를 내리는 경우이다. 이것도 표현이 애매하다는 점이 가장 큰 문제인데, 이런 식으로 지시를 받으면 부하직원은 마치 '걸으면서 달려라', '심플하지만 화려하게'와 같은 말을 들은 것과 같은 기분을 느끼게 될 것이다.

그런데, '걸으면서 달려라'처럼 상반된 행동을 하라고 명령받으면 과연 어떻게 해야 하는 것일까? 그 반응에는 두 가지 종류가 있다.

하나는 달리지도 걷지도 않는다. 즉, 행동을 정지하는 것이다. 또 다른 반응은 달리지도, 걷지도 않는 이도 저도 아닌 스피드로 전진하는 것이다. 이러면 자신 있게 '걷는 사람'이라고, '달리는 사람'이라고 어느 한 쪽으로 명확하게 표현이 불가능해진다.

즉 정말로 지시하고 싶은 행동이나 몸에 익혔으면 하는 업무가 있다면 그 내용을 가능한 한 명확하고 구체적으로 표현해야 한다.

19.

행동을
구체적으로
표현한다

행동을 구체적으로 언어화하려고 할 때, 큰 참고가 되는 것이
행동분석학에서 행동을 정의할 때 사용하는 'MORS의 법칙
(구체성의 법칙)'이다.

　MORS의 법칙은 다음 네 개의 조건으로 성립된다.

💬 **MORS의 법칙**

　· **Measured**　계측할 수 있다

　· **Observable**　관찰할 수 있다

　· **Reliable**　신뢰할 수 있다

　· **Specific**　명확하게 이루어져 있다

이 네 개의 조건을 채우지 못하는 것은 '행동'이 아니라는

뜻이다.

확실히 하기 위해 보충하면 다음과 같다.

'계측할 수 있다' = 셀 수 있다, 혹은 수치화 할 수 있다

'관찰할 수 있다' = 누가 보든 어떤 행동을 하는지 파악할 수 있다

'신뢰할 수 있다' = 누가 봐도 같은 행동이라는 것을 인식할 수
있다

'명확하게 이루어져 있다' = 문자 그대로 무엇을 어떻게 하느냐
가 명확하게 나타나 있다

예를 들어,

— 친밀하게 커뮤니케이션을 취한다

— 확실히 멈춰세운다

— 매출을 늘린다

위와 같은 말은 언뜻 '행동'을 나타내는 것 같은 인상을 주
지만 MORS 법칙의 네 가지 조건을 전혀 충족시키지 않으므
로 '행동'에 해당되지 않는다.

— 친밀하게 커뮤니케이션을 취한다

···▸ 모든 고객에게 3개월에 한 번 전화를 걸어 당사 서비스에 대
    한 감상을 듣는다

···▸ 2주일에 한 번, 웹진을 보낸다

— 확실히 멈춰세운다

···▸ 5초 동안 멈춘다

···▸ 팔을 뻗어서 몸에 밀착시켜둔다

— 매출을 늘린다

···▸ 광고지를 매주 200군데에 배포한다

···▸ 인터넷 정보 사이트에 광고를 낸다

···▸ 매월 300명에게 샘플을 선물한다

행동을 여기까지 구체적으로 써두면 가르쳐야 할 내용이
확실해지고, 제대로 가르쳤는지 체크하거나 평가하는 것도
객관적으로 행할 수 있게 된다.

다음 중 '행동'이라고 생각하는 것에 ✔ 표시를 하자.

☐ 유대감을 돈독히 한다.

☐ 다이어트를 한다.

☐ 영어회화를 열심히 공부한다.

☐ 제대로 정리정돈을 한다.

☐ 동기부여를 한다.

☐ 친구와 커뮤니케이션을 한다.

A. 모두 다 '행동'에 해당되지 않는다

20.

사내에서
자주 사용하는 용어에
주의한다

몇 번이나 반복해서 강조한대로 부하직원에게 일을 가르치는 과정에서는 '행동을 분석하는 것', '구체적인 표현으로 언어화하는 것'이 반드시 필요하다.

예를 들어 야구 초보자에게 "절호의 찬스가 될 만한 공이 날아오면 힘차게 휘둘러서 홈런을 쳐라!"라고 지도하면 좋은 결과를 기대할 수 있을까?

절호의 찬스인 공이 대체 어떤 공일까? 그리고 힘차게 휘두른다는 것은 어떤 동작을 의미하는 것일까? 초보자에게는 그 무엇 하나 이해할 수 없는 말이며, 물론 알아들었다고 해도 올바른 '일'을, 바람직한 '성과'를 기대할 수 없을 것이다.

사실 나조차도 예전에는 '구체적인 지시'와는 무관한 사람이었기 때문에 "모르겠으면 보고 배워라", "어쨌든 기간 내에 해 둬"라는 말을 아무렇지 않게 했다. 지금 생각해보면 그런 상사 아래에서 모두들 잘도 참아줬다는 생각이 든다.

비즈니스의 경우, 특히 사내에서 당연하게 생각하고 사용하는 말일수록 '행동의 분해'와 구체적인 표현으로 바꾸는 작업이 필요하다.

예를 들면 '제대로 관리한다'라는 표현의 '제대로'는 어떤 상태를 가리키는 것일까? '친근한 대응을 잊지 말도록 합시다'의 '친근한 대응'이란 구체적으로 어떤 대응을 의미하는가? 어떤 말을 써야 친근한 대응이 되는 것일까? 이때, 표정은 어떻게 해야 되는 것일까? 상대의 정면에 서면 될까? 아니면 옆에 나란히 서야 되는 것일까? '아이디어를 서로 나누자'라는 말을 자주 하는데, 그렇다면 아이디어는 어디에서 말해야 하는 것일까? 회의에서? 인트라넷에서? 보고서로 작성해야 하나? 기간이나 빈도는 어떻게 되는 걸까? 아이디어는 몇 개 정도가 적당할까? 등.

언제나 당연하게 사용하고 있는 이런 말들을 과연 당신은 구체적인 행동으로 세분화하여 설명할 수 있는가?

21.

유능한 상사는
통역에 능하다

가르치는 기술 20에서 언급한 '사내에서 빈번히 사용하는 용어일수록 배려가 필요'하다는 말과 관련, 팀장 직급 즉 소위 말하는 중간관리직이라 불리는 사람들에게 꼭 필요한 스킬이 있다. 바로 통역이다.

여기에서 말하는 통역이란 사장을 시작으로 임원진이 보낸 추상적인 메시지나 지령을, 구체적인 행동으로 바꿔 현장 부하직원들에게 전달하는 것이다.

왜 사장의 말이 추상적이기 쉬운가.

그 이유는 리더란 중견사원, 신입, 파견사원이나 아르바이트 스태프까지 폭 넓은 직급에 그리고 기획, 영업 같은 비즈니스 최전선부터 인사·경리·총무부 등 후방에서 일하는 사람들까지 포함한 다양한 부서에 하나의 말로 메시지를 전달해야 하기 때문이다.

예를 들어 사장이 "한 덩어리의 바위처럼 강한 조직이 되자", 혹은 "신념을 가지고 일하자"와 같은 메시지를 전달했을 때, 그것을 그대로 자기 부서에 가져와 "그럼, 우리도 한 덩어리의 바위가 되자!"라며 큰 소리로 외쳐도 부하직원들은 "무슨 소리지…" 하고 당황할 뿐이다.

즉 사장이나 임원진이 보낸 추상적인 요구를 자기 팀에 소속된 신입, 경우에 따라서는 파견사원이나 아르바이트 스태프들이 실행할 수 있는 행동으로 변환하여 그들에게 직접 전달되도록 구체적인 말로 표현할 수 있어야 한다. 당신이 누군가의 상사라면, 이를 평상시 마음에 새겨두길 바란다.

이는 유능한 관리직이라면 누구나 능숙하게 구사하는 기술이다. 또 부하직원의 신뢰를 얻는 것은 물론 앞으로 당신이 커리어를 쌓아가기 위해서도 익혀두어야 할 '가르치는 기술' 중 하나이다.

당신은 상사의 말을 알기 쉽게

부하직원에게 전달하고 있는가?

사장 曰
- - - - - -
"한 덩어리의 바위가 되자"
(하나로 단결하여 모두
같은 목표를 향해 노력하자)

상사(중간관리직) 曰
- - - - - - - - - - - -
"한 덩어리의 바위가 되자" (X)

직원 曰
- - - - - -
"What? Rock?"

상사의 말을 그대로 전달하는 것이 아니라

구체적으로 변환하여 알기 쉽게 전해야 한다

Summary

Chapter IV   어떻게 전달할까?

- 지시는 구체적인 표현으로 바꾼다.

- 행동은 계측할 수 있고, 관찰할 수 있고, 신뢰할 수 있게, 명확하게 표현한다.

- 사내에서 별다른 의식 없이 빈번히 사용하고 있는 용어에 대해서도 그 의미가 명확한지 생각해보아야 한다.

- 팀장은 임원진의 추상적인 표현을 실무에 적용한 구체적인 행동 표현으로 변환해야 한다.

Chapter V

얼마나
가르치면
될까?

22.

목표도
구체적인 '행동'으로
바꿀 수 있다

지금까지 하나하나의 행동이나 업무를 구체적인 언어로 표현하는 것이 중요하다는 점을 몇 번이고 설명했다.

이 '구체화'는 장기적인 지도와 육성을 통해 지향하는 목표를 달성하기 위한 필수 항목이다.

예를 들어 '적극성을 몸에 익힌다', '실행력 있는 인재가 된다', '커뮤니케이션 능력을 높인다'와 같은 목표들은 하고자 하는 말이 무엇인지는 이해가 가지만 아쉽게도 모두 구체성이 결여되어 있다.

이것을 목표로 내걸고 일을 해야 하는 부하직원들 중에는 '대체 무엇을 어떻게 하면 좋을지 모르니 노력할 방법도 모르겠다'라고 생각하는 사람이 적지 않을 것이다. 또한, 상사인 당신이 '부하에게 내린 지도'가 성공했는지 어떤지 확인하려고 해도 이런 추상적인 목표로는 객관적인 평가를 내릴 수 없다.

따라서 '이른바 목표'로 내걸고 있는 슬로건 같은 문안과 함께 '몸에 익혀 두어야 할 지식', '할 수 있게 만들어야 하는 행동'을 구체적으로 써 놓을 필요가 있다.

이때에도 참고가 되는 것은 **가르치는 기술 19**에서 말한 MORS의 법칙이다.

'신규 방문횟수를 주에 5회 이상 늘린다', '신상품의 기획을 반드시 매월 한 개씩 제출한다', '고객의 재방문 확률을 10% 높인다'와 같이 최대한 계측이 가능한 수치를 포함시켜 제3자에게도 명확한 '행동'으로 인식할 수 있도록 만들자.

이처럼 세세하게 고민하면 각각 상사와 부하직원에게 '가르쳐야 할 것'과 '습득해야만 할 것'이 더욱 분명해진다.

또한 목표를 잡을 때는 조금 높게 설정해야 한다. 마라톤 완주코스를 4시간 만에 달리는 사람에게, 3시간 59분이라는 목표는 너무 쉬워 게으름을 피우게 될 우려가 있다. 반면 2시간으로 설정하면 아예 처음부터 포기해버릴 것이다.

그렇기 때문에 '열심히 하면 달성 가능할지도 모르겠다'고 느낄 만한 목표가 가장 적합하다.

23.

장기목표를 위한
작은 목표를
설정한다

장기적인 목표를 달성하기 위해서는 당연한 이야기지만 긴
시간이 걸린다. 때문에 필요한 것이 작은 목표이다.

목표 도달점을 산 정상으로 비유하면, 목표는 저 멀리에 있
는 것이며 그 여정은 상당히 급하게 경사진 길이라 '정말로
정상까지 도달할 수 있을까?' 하는 불안감을 가질 것이다.

하지만 거기에 조금씩 간격을 두고 작은 목표를 설정해두
면 '우선 저기까지는 올라갈 수 있겠지' 하고 노력할 수 있게
된다.

때문에 작은 목표를 설정할 때는 조금만 열심히 하면 달성
할 수 있는 정도의 난이도가 이상적이다. 마라톤을 예로 들자
면 '1km씩 달려 다음 달까지 5초를 단축한다', '일주일간 주
행거리 합계를 매주 2km씩 늘린다'와 같은 식으로 설정해가

는 것이다.

이로 인해 얻을 수 있는 것이 두 가지 있다.

우선 한 가지는 성취감이다. 아무리 작은 목표라도 그걸 해 냈다는 경험은 그 노력이나 '행동'을 더욱 지속시키게 하는 원동력이 된다.

또 하나는 작은 목표를 하나하나 클리어하면서 착실히 본 래의 장기적인 목표(산 정상)에 가까워질 수 있다는 사실이다.

아무리 험한 산길이라도, 급하게 경사진 길이라도 거기에 계단을 만들어 한 계단씩 올라가면 반드시 정상에 도달할 수 있다. 상사와 부하직원이 함께 작은 목표를 설정하여 이를 위 해 노력을 지속한다. 상사는 이 작은 목표를 정기적으로 체크 하고, 달성을 확인하여 그 과정과 결과에 대해 분명하게 칭찬 해준다.

'칭찬한다'는 것에 대해서는 뒤에서 자세히 설명하겠지만 사람은 어떤 '행동'을 한 직후에 칭찬을 받으면 그 '행동'을 계속할 수 있는 가능성이 비약적으로 늘어난다.

물론, 작은 목표에도 가능한 한 수치를 넣어 달성했는지 여부를 명확하게 체크할 수 있도록 구체적으로 만들어 둬야 한다.

작은 목표와 행동의 관계

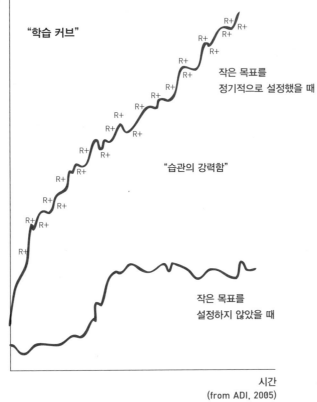

행동

"학습 커브"

R+ R+
R+ R+
R+
R+

작은 목표를
정기적으로 설정했을 때

R+
R+
R+
R+
R+
R+
R+
R+
R+
R+
R+
R+
R+
R+
R+

"습관의 강력함"

작은 목표를
설정하지 않았을 때

시간
(from ADI, 2005)

**작은 목표의 달성은
계속 나아갈 수 있는 힘이 된다**

24.

가르치기와
지시하기는
한 번에 세 개까지

다양한 기업에서 활약하는 유능한 상사들과 이야기를 하거나 그들이 일하는 모습을 보면 예외 없이 하나의 공통점을 가지고 있다.

그것은 바로 부하직원에게 지시를 내리거나 지도를 할 때, 절대로 욕심을 부리지 않는다는 점이다.

인간은 한 번에 여러 가지를 주문받아도 그것을 다 받아들이지 못한다. 한 번에 받아들일 수 있는 정보의 한계는 구체적인 행동으로 통상 세 개까지이다.

예를 들어 영업직원에게는 '하루 거래처 네 군데 방문할 것', '인사는 이런 식으로 할 것', '잊지 말고 팜플렛을 건넬 것'과 같은 정도의 행동 지시 세 개가 한계인 것이다.

'부하직원이 생각보다 일을 못한다'고 말하는 사람들의 경우, 대부분이 요구하는 양이 너무 많다. 많은 것을 지나치게 쑤셔 넣으려고 하고 있고, 경우에 따라서는 '세계 일류의 호텔의 서비스'와 '업계 제일의 매출'와 같이 기대치가 높은 목표를 한꺼번에 요구하기도 한다. 그리고 당연히 이 두 가지가 한꺼번에 이루어질 리는 없다.

예를 들어 20초 라디오 광고를 생각해보자.

이 짧은 시간 속에서 제품의 컨셉, 네이밍의 유래, 높은 경제성, 내구 테스트 결과, 판매 영역 소개, 애용자들의 목소리, 문의 전화번호까지, 이렇게 다양한 정보를 연거푸 전한다면 청취자들은 이 모든 것을 이해하고 기억할 수 있을까? 웬만큼 뛰어난 기억력 천재가 아닌 이상 불가능할 것이다.

그렇다면 말을 전하는 측은 어떻게 해야 할까? 전달할 내용을 추려낼 수밖에 없다. 추려내는 방법에 대해서는 다음 장에서 이야기하도록 하겠다.

25.

'하지 않아도 되는 일'의
리스트를
만든다

그렇다면, 전달할 때 어떤 것들에 주의해야 할까?

일반적으로는 우선순위를 정하겠지만, 오히려 나는 '열후(劣後)순위'를 정하는 것이야말로 더 필요하다고 생각한다.

'열후순위'란 무엇일까.

예를 들어 오늘 해야겠다고 결심한 업무가 10개 있을 경우, 그 중에 어떤 업무를 제일 먼저 하고, 다음으로 어떤 것을 하겠다는 식으로 결정해 둔 것이 '우선순위'이다. 최종적으로는 10개의 업무 모두를 다 해야 하기 때문에 어떤 순서로 나열해도 모든 일을 끝내기까지 걸리는 시간은 거의 변하지 않는다.

때문에 그 중에서도 특히 중요하다고 생각하는 두세 개의 일을 추리고 남은 것은 전부 하지 않는 것으로 정해둔다. 그 것이 '열후순위'이다. 즉 당신이 해야 할 일은, 부하직원에게

'하지 않아도 되는 것'을 명확히 정할 수 있도록 도와주는 것이다.

"당신에게 원하는 것은 이 실적. 그것을 달성하기 위해 이것과 이것을 해 두길 바란다. 그런데 저것과 저것은 중요한 것이 아니니 할 필요가 없다"라고 지시를 내리자는 것이다.

'전체 사원의 20%가 매출 전체의 80%를 만든다'는 사실을 의식하는 '2할 8할의 법칙(퍼레이드 법칙)'으로 말하자면 상위 20%에 해당하는 바로 일 잘하는 사원은 모두 이 '열후순위'를 자연스럽게 결정하고 있다.

그것을 하지 못하는 남은 80%의 사원들, 그들을 위해 상사가 '열후순위'를 명확하게 중요한 일과 그렇지 않은 일을 나눠줌으로써 일 잘하는 사원들과 비슷하게 일할 수 있도록 이끌어야 한다.

TO DO 리스트와 정반대인 '하지 않아도 되는 일 리스트'를 만들어 '좋아, 쓸데없는 일을 하지 않고 있군' 하고 체크할 수 있다면 이상적이다.

💬 열후순위를 정한다

부하직원, 후배들을 위해

'하지 않아도 되는 일 리스트'를 써 주도록 하자.

하지 않아도 되는 일 리스트

☐ 오전 중에 메일을 체크하지 않는다

☐ 접객은 후배에게 맡긴다

☐ 기존 클라이언트는 이번 주에는 만나지 않는다

☐

☐

☐

☐

26.

업무의 의의와
큰 그림을
가르친다

무언가 업무를 가르칠 때 잊지 말아야 할 것이 '무엇을 위해 일하는가?'라는 그 업무의 의의를 제대로 이야기하는 것이다.

특히 여러 명의 사람이나 팀이 연계해 실시하는 프로젝트에서는 한 사람 한 사람의 업무에 대한 의의나 필요성이 잘 보이지 않는 경우가 적지 않다.

하지만 어떤 업무도 그 프로젝트에는 빼놓을 수 없는 일이다. 한 사람 한 사람의 일이 더욱 세분화되면 각각의 행동이 쌓이고 모여서 결국 하나의 미션을 달성할 수 있게 되는 것이다. 즉 한 사람 한 사람의 '행동'이 그 회사의 이념을 수행할 수 있는 버팀목이 되고 있는 것이다.

이런 중요성을 자각시키기 위해서라도, 그 부하직원이 앞으로 하는 업무의 위치, 프로젝트 전체의 의의 같은 '큰 그림'

을 파악하도록 도와야 한다.

그렇게 함으로써 당사자가 해야 할 '업무'와 '행동'을 더욱 제대로 수행할 수 있도록 해야 하는 것이다. 캠프장에서 불을 피우기 위해 돌을 모아오도록 상대에게 이야기할 때, 그 목적을 밝히지 않은 채 "일단 돌을 좀 모아와"라고 부탁하지는 않는다.

하지만 비즈니스 현장에서는 빠른 업무 진행을 핑계로, 혹은 으레 알고 있겠거니 생각하고 그 일의 의의나 목적을 알리지 않고 작업 내용만을 지시하는 경우가 종종 있다. 하지만 이런 때일수록 그 업무에 관계하는 부서의 멤버들에게 그 '연결 관계'를 명확하게 이해시키는 일이 필요하다. 그리고 '자신의 업무 범위가 어디까지인지'를 생각할 수 있도록 보여주는 것도 중요하다.

야구를 처음 하는 사람에게 그저 단순히 '센터를 지켜라'라고 지시하기만 해서는 안 된다. 어쩌면 상대는 '센터가 어디지?' 하고 생각할지도 모른다. "우익수와 좌익수와 2루수가 각각 이곳을 지킬 것이니 당신은 그 안쪽으로 오는 볼을 잡아라"라고 수비범위와 주변 사람들의 역할을 명확하게 해두는 것이다. 그러면 자신감을 갖고 자신의 일에 몰두할 수 있을 것이다.

27.

"알겠습니다"라는 말을
믿지 말자

부하직원이나 후배에게 한 가지 일을 다 가르친 후 당신은 "알았어?"라고 묻는다. 그러면 부하직원이나 후배는 아마 "예, 알겠습니다!"라고 대답할 것이다.

이런 극히 당연한 광경에 실은 커다란 함정이 숨어있다.

왜냐하면 일단은 "알겠습니다"라고 대답하기는 했지만 실은 "모르겠습니다"라는 말을 꺼내기 어려워 자신이 생각하는 것이 옳다고 믿어버린 채 잘못 이해했다는 사실을 인지하지 못하는 경우가 꽤 많기 때문이다.

나도 예전에는 "알겠습니다"라는 말을 들을 때마다 '그렇군, 이해했군' 하고 믿었다. 하지만 그렇지 않은 경우가 허다했다.

시간과 수고를 들여 가르쳤는데도 불구하고 실제로 이해

하지 못했다면 부하직원을 지도하는 일은 아직 끝난 것이 아니다.

무언가를 가르치면 그때마다 "정말로 이해했나?", "정말로 익혔나?"라고 확실히 확인하는 일을 빼먹지 말자. 확인하는 방법은 여러 가지로 생각할 수 있지만, 이하의 3가지 방법을 제안하겠다. 가르친 내용이나 그 시점에서 얼마나 일이 바쁜가에 따라 적절히 선택하길 바란다.

1. 복창시킨다

가르친 내용이 얼마나 전달되었는지 확인하는 가장 심플한 방법이다.

지도를 시작하기 전에 "마지막에 다시 물어볼 테니까 잘 듣도록"이라고 말하면 부하의 집중력은 더욱 높아진다.

기술을 가르칠 경우에는 당신이 보는 앞에서 먼저 시연해 보이는 것이 좋다. 얼마나 이해했는지 판단할 때, 참고가 되는 것이 **가르치는 기술 16**에서 만든 체크리스트이다. 이 체크리스트를 활용할 때 모든 항목 중에서 특히 중요하게 점검해야 하는 포인트는 체크해 두었다가 부하직원이 '복창한 내용'이나 '직접 실시한 것' 중 체크해 둔 포인트가 잘 되어 있는지에 따라 부족하면 다시 한 번 가르치는 식으로 활용하면 된다.

2. 레포트를 쓰게 한다

지도한 내용을 통해 알게 된 것, 배운 것을 쓰게 한다.

복창시키는 방법보다 시간과 수고가 들지만 부하직원에게는 그 내용을 더욱 깊이 생각할 계기가 되며, 상사는 자기가 실시한 지도의 성과를 더욱 객관적이고 냉정하게 확인, 평가할 수 있다.

평가의 기준에 사용하는 것은 역시 **가르치는 기술 16**의 체크리스트이다.

'반드시 써야 할 다섯 개의 포인트 중 네 개 이상 썼다면 합격'이라는 식으로 합격 기준을 설정해 두면 좋을 것이다.

3. 성공 패턴 · 실패 패턴을 생각하게 한다

'안다'와 '할 수 있다(제대로 사용한다)' 사이에는 매우 큰 간격이 있다. '머리로는 알고 있는데 실제 현장에서는 제대로 활용하지 못했다'는 경험을 분명 당신도 해봤을 것이다.

배운 것을 그대로 응용하면서 과제를 완수할 수 있다면 좋겠지만, 업무 상대에 따라 혹은 그 때의 상황에 따라 배운 것을 임기응변을 발휘해 활용하고 실행해야만 하는 경우가 종종 있다.

'그 상황에 처해 있지 않으면 대처할 방법을 찾기가 쉽지 않다'는 것도 일리가 있는 말이지만, 지도하는 단계에서도 '안다'를 '할 수 있다'로 어느 정도 가깝게 만드는 일이 가능하다고 생각한다.

그것은 가르친 내용을 이후 자신의 일에서 어느 정도 활용하는지를 부하직원이 스스로 설명하도록 하는 방법이다. 프로스포츠 선수의 이미지 트레이닝과 약간 비슷할지도 모르겠다. 그저 막연하게 머리로 떠올려보는 것이 아니라, '성공하는 포인트', '실패하는 포인트'에 주목하는 것이 중요하다. 예를 들어 이와 같이 질문을 해보도록 하자.

"오늘 가르친 것을 당신의 일에 활용할 경우, 어떻게 하면 성공한다고 생각하는가?", "이런 식으로 활용하면 실패할 것이라 생각하는가?"와 같이 질문하는 것이다. 가능하면 각각 그 포인트와 이유를 설명하도록 하게 하자. 이렇게 '성공하는 포인트'와 '실패하는 포인트'를 확실히 말로 만들면 '안다'에서 '할 수 있다'로 어느 정도 옮겨갈 수 있을 것이다.

28.

'알았다'를
'할 수 있다'로 바꾸기 위한
서포트

우리가 부하직원에게 일을 가르치는 것은 왜일까? 답은 간단하다. 그 일을 할 수 있게 되었으면 하고 바라기 때문이다. 그렇다면 실은 일을 '가르친다'는 것으론 충분하지 않다.

그 이유는 '알고 있다/할 수 있다'와 '그것을 실제로 비즈니스에 활용한다' 사이에는 커다란 간극이 존재하기 때문이다.

택시를 타면 자리에 앉자마자 "뒷좌석에서도 안전벨트를 매주시기 바랍니다"라는 안내가 흘러나온다. 우리는 누구라도 스스로 안전벨트를 맬 수 있으며, 혹시라도 안전벨트를 매지 않으면 위험하다는 지식도 가지고 있다.

그래도 '귀찮다, 답답한 것은 싫다'는 이유로 일반도로에서는 안전벨트를 매지 않는 사람이 여전히 많다.

'바람직한 행동'이라는 것을 머릿속에서 알고 있어도 그것을 실천·유지하는 일은 좀처럼 쉽지 않다. '영어 공부를 계속할 수 없다', '올바르게 걷는 습관을 지속하지 못한다'와 같은 것들이다. '영어를 잘 하게 된다', '체중이 줄고 건강한 몸을 만든다'라는 성과를 손에 넣기 위해서는 이를 위한 '바람직한 행동'이 필요하다고 것을 알고는 있지만, 무심코 빼먹거나 편한 쪽을 택해버리는 것이 인간이다.

'하지만 거기부터는 본인의 자주성 문제가 아닌가?' 하고 생각하는 사람이 있을지도 모르지만, 자주성이라는 것은 아쉽게도 극도로 부정확한 것이다.

부하직원이 몸에 익힌 '바람직한 행동' 즉, 그것을 행함으로 인해 착실히 성과를 올릴 수 있음을 알고 있는 행동을 더욱 많이, 더욱 오랫동안 지속해서 실천할 수 있게 하려면 당신의 서포트가 절대적으로 필요하다.

그 단계까지 진행되어야만 비로소 당신의 '가르치기' 기술은 완성된다.

Summary

Chapter V   얼마나 가르치면 될까?

- 목표는 행동의 언어로 구체화한다.

- 장기목표를 달성하기 위해서는 작은 목표를 만들어
  중간 중간 성취감을 느낄 수 있도록 해야 한다.

- 우선순위도 중요하지만, 열후순위도 중요하다.
  그래야 우선순위에 집중할 수 있다.

- 지시할 때는 그 일의 목적을 분명히 알려주자.
  일의 큰 그림을 함께 조망해야 이해와 실행을 높일 수 있다.

"알겠습니다"의 '알겠다'의 의미가 무엇인지 다시 물어야 한다.
일의 내용을 이해한 것인지 그냥 하는 대답인지.

성공 패턴과 실패 패턴을 스스로 이미지화할 수 있도록 질문하자.
"지금 가르쳐준 것을 당신의 일에 활용하면 어떻게 해야
성공할 수 있을 것 같은가?"

직원의 자주성에 기대지 말자. 어떻게 해야 성과를 올리는지
머리로 아는 내용을 실제로 실행할 수 있도록
당신이 서포트해야 한다.

Chapter VI

칭찬이
중요하다

29.

성공을 체험시켜
성장을
서포트한다

부하직원의 교육이나 육성은 상사의 동기부여나 서포트로 인해 그 효과를 더욱 더 높일 수 있다. 대표적이라고 할 수 있는 것이 그 부하가 확실히 해낼 수 있는 일을 주고, 성공체험을 쌓게 하는 방법이다.

공부를 매우 싫어하는 초등학교 5학년생이 입시학원에 들어왔을 때, 이 아이에게 학습습관을 만들어주고 싶다면 유능한 학원 선생님은 어떻게 할까?

먼저 4학년이나 3학년생용 시험을 치게 한다. 물론 학년이 쓰여 있는 부분은 보이지 않도록 지워둔다.

그러면 대부분의 아이들은 100점이나 거기에 가까운 점수를 받는다. 그래도 좋은 점수를 얻지 못한다면, 2학년생 문제를 풀게 하는 경우도 있다.

이렇게 100점을 받을 수 있는 레벨이 판명되면 같은 레벨의 시험을 반복해서 풀게 하여 '100점을 받는다'는 경험을 계속해서 쌓도록 해준다. 그러면 성취감과 함께 하면 된다는 자신감이 생겨난다.

그러다보면 어느새 스스로 시험공부를 하게 된다. 이것이 아이들 교육의 철칙이다.

그렇다면 만약 처음부터 어려운 문제를 낸다면 어떻게 될까? 그 아이는 '나는 안 된다'며 금방 공부를 포기할 것이다.

일도 마찬가지이다.

일을 잘 모르는 사람, 가르쳐도 하지 못하는 사람의 능력을 끌어내기 위해서는 확실하게 잘할 수 있는 과제를 부여하고 100점을 받게 하자.

초기 단계에서 이런 성취감을 많이 경험하게 하면 상대는 '하면 된다'고 생각하게 된다. 그러면 그때부터 조금씩 더 높은 레벨의 과제를 주는 것이다.

이런 과정을 상사가 만들어 가는 것이 매우 중요하다.

30.

'생각하는 힘'을
이끌어내고 싶다면

계속 100점을 받을 수 있게 하는 일의 중요성에 대해 더 나아
가 다른 각도에서 이야기하겠다.

인재육성의 큰 목적은 '알지 못하는 것을 알도록 만드는 것'
혹은 '잘하지 못하는 일을 잘할 수 있도록 만드는 것'이다. 하
지만 그 이전에 한 가지 중요한 것이 있다. 그것은 할 수 있는
것을 언제나 잘할 수 있도록 만드는 것이다. 그러나 실제로는
이 순서를 반대로 생각하는 상사가 의외로 많다.

부하직원이 할 수 있는 것과 하지 못하는 것을 상사가 명확
하게 판단하고, '할 수 있는 것' 중에서도 '확실히 할 수 있는
것'이 있으니, 그것을 하게 만들어 100점을 받게 한다. 그리
고 100점을 받았다는 사실을 확실히 인정해 주면, 상사와 부
하직원 사이의 신뢰 관계가 구축될 뿐만 아니라 '할 수 있는

것'을 언제나 잘할 수 있는 정확도가 높아진다.

이를 통해 비로소 잘하지 못하는 것에 도전하기 위한 토대가 마련되므로 거기서부터 조금씩 어려운 과제에 도전할 수 있는 환경을 만들면 된다.

그리고 또 한 가지 비즈니스 현장에서 종종 있을 법한 예가 아직 기본적인 일조차 충분히 할 수 없는 부하직원에게 '스스로 생각해라' 하고 떠넘기듯 지도하는 사람이다.

아직 사칙연산을 습득하지 않은 아이에게 방정식을 사용해서 풀어야 하는 문제를 갑자기 내면서 "스스로 생각해라"라는 말을 할 수 있을까? 할 수 없다. 그런데도 그런 일이 직장에서는 실제로 일어나고 있는 것이다.

'생각하는 힘'을 이끌어 내고 싶다면, '생각하기'라는 과정을 하나하나의 '행동'으로 세세하게 분석해 그 순서를 보여주거나 설명해야 한다. 물구나무서기를 할 수 없는 사람에게 "여기서 팔을 굽혀라", "다리를 이쪽 방향으로 차올려라"라는 식으로 하나하나 동작을 해설하며 시범을 보여주는 것과 마찬가지이다.

먼저, 기본적인 일로 실적을 쌓게 할 것. 그러면 자연스럽게 스스로 생각하기 위한 자신감과 토대도 생겨나므로 '생각하는 힘'을 키우는 것은 그 후부터 해도 충분할 것이다.

31.

왜
'칭찬'이
필요한가?

부하직원을 더욱 효과적으로 교육하고 육성할 수 있도록 서포트하는 또 다른 방법으로 '칭찬하기와 혼내기'가 있다. 이 칭찬하는 법과 혼내는 법을 생각하기 전에, 인간의 행동원리를 합리적으로 설명하는 'ABC모델'이란 개념을 소개하도록 하겠다.

A 선행조건(Antecedent) ······ 행동 직전의 환경

B 행동(Behavior) ············· 행동·발언·태도

C 결과(Consequence) ········ 행동한 직후에 일어난 환경의 변화

'선행 조건'이란 개념이 약간 어려울지도 모르겠다. 이는 사람이 어떤 행동을 취하기 직전의 환경이나, 행동의 계기가 되는 목적, 목표, 마감 등을 가리킨다.

이 A의 '선행 조건', B의 '행동', C의 '결과'에는 명확한 인과관계가 있다. 화살표가 표시하는 것처럼, '행동'은 '선행 조건'의 영향을 받는다. 그리고 마찬가지로 '결과'는 '행동'에, '선행 조건'은 '결과'에 영향을 받는다.

즉, 목적(A)을 위해 행동(B)을 했을 때, 얻은 결과(C)가 바람직한 것이라면 (C) → (A) → (B)의 순서로 영향을 받게 되므로 그 사람은 행동(B)을 지속하거나 반복하는 것이다. 구체적인 예를 보도록 하자.

A 선행조건 …… '전철 안이 찌는 듯이 덥다'

B 행동 ………… '부채질을 한다'

C 결과 ………… '시원해진다'

A 선행조건 ······ '과자를 건네받았다'

B 행동 ··········· '한 개 먹었다'

C 결과1 ········· 매우 맛있었다

결과2 ········· 별로 좋아하지 않는 맛이었다

첫 번째 예에서는 부채로 부채질을 하니 시원해졌으므로 이 사람은 '부채질을 한다'는 행동을 그대로 이어갈 것이다.

두 번째 예의 경우 '매우 맛있었다'라는 바람직한 결과라면, 과자를 또 하나 받아먹을 가능성이 높지만, '별로 좋아하지 않는 맛'이라는 바람직하지 못한 결과를 얻었을 경우에는 두 번 다시 그 과자를 입에 넣지 않을 것이다.

이처럼 모든 행동은 이런 인과관계로 성립된다. 게다가 그 인과관계에서 인간의 '의지'가 미치는 영향은 실로 미세하다.

때문에 부하직원에게 시키고 싶은 행동, 몸에 익혔으면 하는 행동이 있다면, '기합을 넣어라', '의욕을 내봐라'라고 질타하거나 격려하지 말고, 이 ABC 인과관계를 컨트롤하는 편이 훨씬 더 효과적이라는 뜻이다.

그렇다면, 대체 어떻게 컨트롤하면 좋을까?

기존의 매니지먼트 방법을 보면 '선행 조건'만을 따지는 경우가 대부분이었다. 즉, '목표의 수치'만 설정해두면 부하직원은 목표 달성을 위해 열심히 계속 행동할 것이라고 단정하고 있었던 것이다.

그리고 그 생각 그대로 부하직원이 움직여주지 않으면, "나사가 풀렸다!"라며 질책한다. 여기에서 중요한 것은, 사람의 행동을 강하게 움직이는 것은 그 행동으로 얻을 수 있는 '결과'라는 것이다. 부채질을 한 덕분에 시원해졌다면 계속해서 부채질을 할 것이며, 과자를 먹고 '매우 맛있다'는 결과를 얻었다면 또 하나를 입에 넣을 것이다.

비즈니스에서 바람직한 '결과'를 얻는 것이 부하직원이 그 '행동'의 빈도를 높일 수 있게 만들며, 나아가서 일에 자발적으로 몰두할 수 있도록 만든다. '결과'를 콘트롤하는 방법에 대해서는 다음 장에서 설명하겠다.

32.

행동을
'강화'시키는
보상

가르치는 기술 31에서는 'ABC모델'의 개념과 '행동'의 빈도를
늘리기 위해서는 '선행 조건' 이상으로 '결과'가 중요하다는
이야기를 했다. 예로 든 '부채질을 한다, 과자를 먹는다'는 행
동에서는 반드시 행동 직후에 '시원해졌다, 맛있어서 행복한
기분을 느꼈다'는 '결과'가 나타났다.

하지만 비즈니스나 인재육성 장소에서 부하직원이 했으면
하는 행동, 몸에 익혔으면 하는 행동은 바로 명확한 결과가
나타나지 않는 경우가 매우 많다.

예를 들어 '신규 영업 약속을 잡는다'는 행동을 생각해보자.
횟수를 늘려 그것을 지속한다면, 실적이 오른다는 바람직한
'결과'를 얻을 수 있겠지만, '행동' 직후에 곧바로 '좋은 결과'
를 얻을 수 있는 경우는 거의 없는 것이 현실이다.

라디오 영어회화 방송을 매일 듣는다. 이 행동도 반드시 어학 능력이 오른다는 '결과'로 이어지지만, 한 번 라디오를 들으면 그 직후에 바로 원어민이 하는 말을 모두 알아들을 수 있다는 '결과'는 아쉽게도 기대할 수 없다.

거기에서 효과를 발휘하는 것이 '행동' 직후에 바람직한 '결과'를 의도적으로 부여하는 방법이다. 알기 쉽게 말하자면 보상을 해주는 것이다.

초콜릿을 매우 좋아하는 사람이 라디오 영어회화 방송을 들을 때마다 고급 초콜릿을 받을 수 있다면, 그 '행동'을 계속해서 할 가능성이 비약적으로 높아질 것이다. 이런 현상을 행동과학 세계에서는 "'라디오 강좌를 듣는다'는 행동이 고급 초콜릿으로 '강화'된다"라고 말한다. 강화된 행동의 빈도가 늘어난다는 사실은 행동분석학이나 행동과학의 전문가들의 수많은 실험을 통해 입증되었다.

행동의 '강화'로는 다양한 것을 생각할 수 있지만, 비즈니스맨에게 무엇보다 효과적인 것은 '상사에게 칭찬받는 일', '상사에게 인정받는 일'일 것이다.

즉 인재를 육성할 때 칭찬하는 것이 중요하다는 사실은 과학적으로도 일리 있는 것이다.

33.

부하직원을
칭찬하는 것이
어려운 사람에게

'나는 부하직원을 칭찬하는 것이 상당히 어려워서…'

리더나 상사 중에 이런 말을 하는 사람들이 많이 있다. 특히
40대 이상의 사람들에게 이런 말을 자주 듣는다. 그들이 자라
온 시대에는 부모도 선생님도 직장 상사도, 엄하게 교육하거
나 꾸중을 들으며 자라는 것이 당연한 일이었다.

'칭찬하기'는 상당히 곤란한 일에 도전해 성공했을 때나 있
을 수 있는 일이었다. 평소 공부를 하거나 서클활동에서 하는
트레이닝, 회사에서 하는 통상업무 등 '일상적인 임무'를 확
실히 수행했을 때 부모나 선생님, 선배나 상사에게 "굉장하
군", "열심히 했네"라는 식으로 칭찬 받은 경험을 한 사람은
매우 드물 것이다.

실제로 45살 이상의 관리직을 대상으로 한 조사에서 '당신이 부하직원이었을 때 상사에게 칭찬을 받은 일이 있습니까?'라는 질문에 '칭찬받은 적이 없다'라는 답변이 무려 95%를 차지했다.

　대부분의 사람들이 부모가 되었을 때 자신이 부모에게 받은 교육을 그대로 자신의 아이들에게도 반복하는 경우가 많다. 그런 자신이 받아온 교육법밖에는 알지 못하기 때문에 그럴 수밖에 없는 것이다. 그리고 이와 마찬가지로 칭찬 받아본 경험이 없이 자라온 사람이 상사가 되었을 때 부하직원을 칭찬하지 않게 되는 것이다.

　하지만 여기서 부하직원을 칭찬하는 목적은, 부하직원이 몸에 익혔으면 하는 행동을 '강화'하기 위한 것이다. 그렇다면 무엇을 칭찬하면 좋을까? 그렇다, '행동'이다. 칭찬하는 타겟은 그 부하의 인성도, 성격도 아닌 어디까지나 '행동'인 것이다. 그것을 이해하면 '칭찬하는 것'이 어렵다는 생각이 어느 정도는 가벼워질 것이다. 가끔 팀장직에 있는 사람들에게 "부하직원의 기분을 잘 모르겠어서…"라며 상담을 받는데, 그럴 때마다 항상 나는 이렇게 대답한다.

　기분 같은 것은 몰라도 됩니다. 그 사람의 행동에 초점을 맞춰, 잘한 일을 확실히 인정하고 제대로 칭찬해주시기 바랍니다.

Summary

Chapter VI   칭찬이 중요하다

아직 일을 잘 모르고, 못하는 직원의 능력을 끌어내기 위해서는
확실하게 잘할 수 있는 과제를 부여하고 100점을 받게 하자.
성공 경험은 성장을 서포트한다.

생각하면서 일하게 되려면 먼저 행동과 행동 사이에
생각의 과정을 경험해야 한다.
우선은 생각도 행동으로 분류하자.

바람직한 결과가 다음 행동 개시에 가장 큰 영향을 준다.
행동의 강화 즉 보상으로 바람직한 결과를
의도적으로 만들어주자.

칭찬은 가장 큰 보상이다. 칭찬할 때는 성격이나 인성이 아닌
행동에 대해 칭찬하자.

Chapter VII

'혼내기'와 '화내기'의 차이

34.

'혼내기'는 O,
'화내기'는 X

'화내기'와 '혼내기'의 차이는 무엇일까?

화를 내는 것은 '자신이 건 목표와 현재 상태 사이에 커다란 차이가 있어, 그 차이를 메우기 위한 방법을 찾지 못했을 때 품는 감정'이라고 예전에 어느 유명한 철학자의 책에서 읽은 적이 있다.

즉, 사람은 일이 잘 되어갈 때는 화내지 않는다는 것이다. '이런 형태로 존재해야 하는데, 이 상황은 대체 뭐지?' 하고 생각할 때 화를 내는 것이다. 화를 낸다고 해도 무엇 하나 해결되지 않는다는 사실은 여러분도 오랜 세월 경험을 통해 알고 있을 것이다.

예를 들어 아기에게 "앞으로 2년 후면 유치원에 가니까, 기어 다니지 말고 빨리 걷도록 해라!"라고 화를 내지는 않는다.

오히려 기어 다니던 아이가 아주 짧은 순간 일어서기만 해도 "굉장해!"라고 칭찬한다.

하지만 왠지 어른이 되면 반대가 된다. 만약 아기에게 화를 낸다면 그 후론 어떻게 될까? 걷는 것을 그만둘 것이다. 왜냐하면 또 화를 낼 것이라고 생각하기 때문이다.

이런 현상을 행동분석학에서는 '화를 내는 것이 행동을 약화했다'라고 표현한다. **가르치는 기술 31**에서도 이야기했지만, 칭찬하면 그 행동이 '강화'되어 그런 행동을 하는 횟수가 늘어난다.

때문에 어떤 행동을 늘리고 싶다면 일단 칭찬해야 한다. 이것이 인재 육성의 대원칙이다.

그래도 무심코 부하직원이나 후배에게 화를 내게 되는 경우에는 "아까는 미안했다. 목적과 현재 상황에 대한 인식이나 그 차이를 메우기 위한 방법을 제대로 분석하지 못한 내 탓이다"라고 화를 낸 이유를 설명할 수 있다면 좋을 것이다.

한편, '혼내기'는 상대의 행동 등을 개선할 필요가 있을 때, 그것을 지적하거나 요구하는 행위이다. 정말로 상대를 생각하고 있다면 '혼내기'도 때로는 필요하지만, 그때는 어느 정도의 배려가 필요하다. 다음 항목에서는 그런 경우 어떻게 해야 할지를 설명하겠다.

35.

혼낼 때
해서는 안 되는 것과
해야 할 것

가르치는 기술 32에서 칭찬하는 대상은 '행동'이라고 이야기 했다. 이것은 '혼내는' 경우에도 마찬가지이다.

절대로 해서는 안 되는 것은 그 사람의 인격이나 성격을 꾸짖는 것이다. "너는 칠칠치 못하니 영업 실적이 오르질 않는 것이다.", "보통 누구나 다 할 수 있는 일을 못하다니 대체 집에서 뭘 배운거야?"

이런 말을 들은 부하직원이나 후배는 대체 무엇을 고치면 좋을까? "늘 정신을 놓고 있으니까 일을 잘 못하는 거지"라고 말해도 아무 것도 해결되지 않으며, 그런 말을 들은 부하직원은 그 상사에 대한 신뢰감을 확실히 잃어버릴 것이다.

어디까지나 초점을 맞춰야 하는 것은 그 사람의 '행동'이다. (해야 하는데) 하지 않은 행동, (해서는 안 되는데) 해버린 행동만을 대상으로 해야 한다.

회의에 매일 늦는 부하가 있다면 "항상 5분 늦게 준비하는 것이 문제니 그걸 고치도록 해라"라는 식으로 혼을 낸다면 행동은 개선될 수 있을 것이다.

단, 혼내고 끝난다면 행동은 좀처럼 변하지 않는다. 혼낸 직후에는 그 행동이 개선되겠지만, '행동의 습관' 자체가 변하지 않으면 다시 제자리로 돌아올 가능성이 매우 높다. 따라서 혼내고 그대로 두는 것이 아니라, 행동이 변하기 위한 방법을 제시해주는 것도 중요하다.

예를 들어 "회의 시작 10분 전에 휴대전화 알람을 맞춰두는 게 어때?"라는 식의 아이디어를 주면서 도와주는 것이다. 물론 제시간에 회의에 참석했을 때는 "좋아, 제대로 잘하고 있네"라고 인정해준다.

혼낸 후에 도움을 주는 것이 괜히 미안해서 상대의 비위를 맞추는 일이라고 오해하는 사람들도 있는데, 사실은 그렇지 않다.

행동을 바람직한 방향으로 바꿔가기 위해서 '혼낸다'. 그리고 그 바람직한 행동이 줄곧 '지속'될 수 있도록 서포트한다. 이 두 가지가 세트가 되었을 때 비로소 '혼낸다'는 행위가 최대의 효과를 발휘할 수 있다.

36.

누가 칭찬하고
누가 혼내는가

혼내는 방법과 칭찬하는 방법에 대해 설명한 책이나 기사를 자주 발견할 수 있는데, 그런 기술적인 것 이상으로 칭찬하기·혼내기의 효과를 매우 크게 좌우하는 요인이 있다.

그것은 '누가' 칭찬하는가, '누가' 혼내는가 하는 것이다. 즉 뭐라고 말하면서 칭찬할까(혼낼까)가 아니라 '누가 칭찬하나(혼내나)?'가 중요하다.

평소 '나는 이 사람 밑에서 일한 덕분에 즐겁게 일할 수 있게 되었다'라고 느끼는 상사로부터 "이 숫자는 자네의 세심한 배려가 손님들에게 확실히 전달된 결과군"이라는 식으로 제대로 된 칭찬을 받으면 그 부하직원은 더욱 더 적극적으로 일을 하게 될 것이다.

반대로 존경하지 않는 상사나 혐오감을 가지게 만드는 상사·선배에게는 혼낸다는 행위는 물론 '칭찬'조차도 충분히 효력을 발휘할 수 없다.

예를 들어 평소에 자신의 상사나 회사의 나쁜 점만을 말하며 "이런 일은 도저히 못하겠어"라고 말하는 상사가 어떤 말을 하든 부하직원은 마음속으로 '이런 사람이 하는 말은 듣고 싶지 않다'라고 생각할 것이다.

예전에 "감정적으로 화를 내는 상사 덕분에 성장할 수 있었습니다. 저도 부하직원에게 감정적으로 화를 내는 편이 더 좋을까요?"라는 질문을 받은 적이 있다. 이 경우에는 이 부하직원이 상사에 대해 '이 사람 굉장하다!'라고 생각하고 서로의 신뢰관계가 형성되어 있었기 때문에 화를 내는 것이 긍정적인 방향으로 작용한 경우이다. '뭐라고 말하면서 칭찬할까(혼낼까)'가 제일 중요하지 않은 전형적인 예라고 할 수 있다.

따라서 여기서 요구되는 것은 '당신이 존경받을 만한 상사·선배인가?'라는 매우 근본적인 질문이다. 물론, 칭찬할 때나 혼낼 때의 레퍼토리를 늘리기 위해 그와 관련된 자료를 찾아보는 것도 쓸데없는 일은 아니다. 하지만 사실 센스 있는 대사 같은 것은 필요하지 않다. 어깨를 두드리며 눈을 보고 크게 고개를 끄덕이며 부하직원에게 "나는 그 행동을 인정하고 있다"라는 사인을 전달할 수 있으면 그것만으로 충분하다.

Summary

Chapter VII   '혼내기'와 '화내기'의 차이

칭찬하기도, 혼내기도 행동을 대상으로 해야 한다.

바람직한 행동으로 바꾸고자 할 때만 혼내자.
그리고 개선 방법을 제시하여
바람직한 행동을 지속할 수 있도록 서포트하자.

칭찬을 하든, 혼을 내든 그 말의 효과가 극대화되려면
당신이 존경받을 만한 상사여야 한다.
그래야 말에 힘이 생긴다.

Chapter VIII

지속시키기
위해서

37.

모티베이션 신화를
버려라

비즈니스나 스포츠 세계는 물론이며, 지금은 학생이나 아이들까지도 당연한 듯 입을 모아 '모티베이션'이라는 말을 한다.

본래는 '동기·동기부여·자발성'이라는 의미이지만 최근에는 '의욕'의 동의어로 사용되고 있는 것 같다. 게다가 '모티베이션은 있지만 고객에게는 좀처럼 전달되지 않아서'라는 식으로 이 말을 이상하게 쓰는 사람도 꽤 많아 보인다. 정말 의욕이 있다면 보통은 고객에게도 전달되기 마련이다. 사실은 그저 단순한 변명일지도 모른다.

나는 항상 세미나 같은 곳에서 이런 말을 강조한다.

"모티베이션이나 의욕 같은 애매한 말로 판단할 것이 아니라 부하직원의 행동을 숫자로 세어보길 바란다"

방문 건수가 늘어났다면 의욕을 보이고 있다는 뜻이다. 본인이 굳이 입으로 말하지 않아도 알 수 있는 사실이다. 반대로 방문 건수가 줄었다면, '모티베이션'은 확실히 내려갔다는 뜻이다.

흔히 말하는 모티베이션(＝의욕)이 아닌 본래의 의미인 '모티베이션(동기부여나 자발성)'을 올리는 방법으로는 부하직원에게 '그 일의 의의를 이야기하도록 하기', '그 업무를 성공했을 때 얼마나 멋진 것이 기다리고 있는지 떠올려보도록 하기' 등이 있다.

이것은 **가르치는 기술 31**에서 이야기한 ABC모델의 'A(선행조건)'를 뒷받침하는 것이다.

물론 바람직한 행동을 할 수 있도록 만들기 위해서는 매우 유효한 수단이지만 그것만으로는 바람직한 행동을 '지속'하는 것은 어렵다. '지속' 즉, 계속하도록 만들기 위해서는 그 행동을 '강화'할 필요가 있다.

38.

가르친 것을

지속할 수 있게 하는

'강화'

'강화'란 임의의 행동을 반복하기 위한 행위를 말한다.

당신이 부하직원에게 가르친 지식이나 기술을 본인이 실제로 비즈니스를 하면서 '계속 활용할 수 있도록' 서포트하기 위해서도 역시 이 '강화'를 빼놓을 수 없다. **가르치는 기술 31**에서 소개한 ABC모델을 보며 설명하겠다.

A **선행조건(Antecedent)**······ 행동 직전의 환경

B **행동(Behavior)** ············· 행동·발언·행동거지

C **결과(Consequence)** ········· 행동한 직후에 일어난 환경의 변화

행동한 직후에 얻을 수 있는 결과가 자신에게 바람직한 것이라면 그 사람은 그 행동을 지속하거나 반복할 것이다. 그것이 인간의 행동원리이며 그 현상을 '바람직한 결과로 인해 행동이 '강화'되었다'라고 표현한다.

당신의 부하직원이나 후배가 어떤 바람직한 '행동'을 했을 때 반드시 그 직후에 바람직한 결과를 얻을 수 있다면 그 행동은 순조롭게 계속될 것이지만, 특히 비즈니스의 경우 실제로는 바람직한 결과를 곧바로 얻을 수 없는 '행동'이 적지 않다.

영업이라면 예를 들어 '이 리스트에 게재된 회사를 하나씩 방문한다'는 '행동'은 계약이라는 바람직한 결과로 이어진다.

하지만 하나씩 방문한다고 반드시 한 건씩 계약을 맺을 수 있을 리 없으며 실제로는 몇 곳, 몇 십 곳을 돌지 않으면 계약까지 이어질 수 없다.

아무리 돌아다녀도 '결과'가 나오지 않으면 점점 방문하는 페이스가 떨어지고 커피숍 등에서 시간을 보내는 일이 많아질지도 모른다.

부하직원이 '리스트에 있는 회사를 한 곳씩 방문한다'라는 '행동'을 계속하지 못하게 되었을 때, 대부분의 상사는 그 이유를 본인의 의지가 약하기 때문이라고 단정 지으며 '의욕을 내라!'라고 질책하거나 격려한다.

하지만 행동과학에서는 이를 의지의 문제가 아닌 행동 직후에 바람직한 결과를 얻지 못했기 때문에 그 행동을 계속할 수 없는 것이라고 여긴다. 그리고 '바람직한 결과'를 의도적으로 부여하면서 계속할 수 있도록 서포트하라고 한다.

그렇다면 어떤 것이 '바람직한 결과'가 될 수 있을까? 그것은 그 행동 자체를 명확하게 평가하는 것이다.

일반적으로 비즈니스 현장에서 부하직원이나 후배를 매니지먼트 할 때, 주목할 것은 부하직원, 후배가 내놓은 '결과'나 '성과'이다. 심사하여 결정을 내릴 때도 결과나 성과가 무엇보다 중요시된다.

하지만 모든 결과는 나날의 '행동'이 쌓여서 이루어지기 때문에 상사는 부하의 '행동'에 더욱 눈을 돌려야 한다.

더 정확하게 말하자면 '결과'를 바꾸고 싶다면 '행동'을 바꾸는 방법밖에는 없다. 추구하는 '결과'가 있다면 지금까지의 '행동'을 착실히 결과로 엮을 수 있는 다른 행동으로 바꿔가는 것 외에는 방법이 없다는 뜻이다.

따라서 당신의 지도를 통해 부하나 후배가 '착실히 결과로 이어질 수 있는 행동'을 취한다면 그 직후에는 꼭 적절한 평가를 해주도록 하자.

한 번의 행동이 곧바로 추구하는 '결과'로 이어지는 것은 아니지만, 어쨌든 그 변화된 '행동'을 제대로 평가받는다면 부하는 '상사가 제대로 보고 있구나', '나의 행동을 인정해줬다'라고 느낄 수 있을 것이다. 이런 평가는 그들 스스로에게 있어서도 행동의 변화에 대해 명확히 인지할 수 있는 '바람직한 결과'이기 때문에 그 행동이 '강화'되고 반복하게 되는 것이다.

훌륭한 '결과'를 계속해서 올리는 유능한 사원이라면 그 결과로 인해 나날이 높은 평가를 얻고 있으니 기본적으로 평소에 상사의 도움이 없이도 '결과에 직결하는 바람직한 행동'을 제대로 지속할 수 있을 것이다.

하지만 좀처럼 '결과'를 내지 못하는 사원은 결과로 인해 그 과정에서의 '바람직한 행동'을 아무리 수행해도 그 행동 자체로 평가받지 못한다. 다른 사람에게 제대로 된 평가를 받지 못하는 '행동'을 지속한다는 것은 매우 어려운 일이다. 때문에 상사인 당신의 '평가'가 매우 큰 힘이 되는 것이다.

그럼 다음 장에서는 어떻게 '평가'를 형태로 만들 수 있는지 생각해보도록 하자.

39.

올바르게 '평가'하기 위해
행동의 수를 세자

부하직원이 한 '바람직한 행동'을 '평가'하기 위한 가장 간단
한 방법은 칭찬이다.

말로 하지 않더라도 눈을 보며 고개를 끄덕이거나 어깨를
두드리는 식의 방법도 '나의 이런 행동은 상사에게 제대로 평
가받고 있구나' 하고 느끼게 할 수 있다면 훌륭한 '평가'가 될
수 있다.

하지만 '평가'로 인한 '행동의 강화'를 더욱 확실히 하는 방
법이 있다. 그것은 메저먼트 즉, 계측하는 것이다. 단적으로
말하자면 행동한 횟수를 세는 것이다.

영업을 예로 들면 리스트에 게재된 회사를 한 건 방문하면
'1'이라고 수를 세도록 한다. 하루 종일 부하 직원을 따라다니
며 그 행동하는 수를 셀 수는 없는 법이니 부하직원 스스로가

계측하고 그 횟수를 기록하게 만들자. 당신은 그것을 체크하고 착실히 실행하고 있는 경우에는 제대로 평가한다.

본인이 수첩 등에 기록하고 그것을 구두로 상사에게 보고하는 방법도 생각할 수 있지만, 노력한 흔적이 확실히 눈에 보일 수 있도록 그래프로 만드는 것을 추천한다.

'바람직한 행동'이 쌓이면 틀림없이 추구하는 '결과'에 가까워질 것이다. 그리고 만약 그 단계에서 명확한 '결과'를 얻을 수 없더라도 행동을 실행한 횟수가 그래프로서 가시화된다면 부하직원 자신에게는 커다란 격려가 될 수 있다.

메저먼트를 실시할 때에는 추구하는 결과에 직결하는 '행동'을 지정하는 것이 매우 중요하다. 중요하지 않은 행동을 필사적으로 세어도 의미가 없다. 오히려 할 필요 없는 행동의 횟수를 늘릴 가능성이 있으므로 주의해야 한다.

가르치는 기술 16에서 설명한 '체크리스트'를 기초로 상사와 부하가 함께 더욱 중요한 행동을 엄선할 수 있는 것이 좋다. 그 행동을 아무리 해도 수치화할 수 없는 경우에는 '매우 좋다/좋다/보통/나쁘다/매우 나쁘다'의 5단계로 평가하자.

이때 다른 사원의 행동을 비교 대상으로 삼지 말자. 비교 대상은 어디까지나 그 행동에 대해 설정한 목표이며, 어디까지 달성했는지를 기록하도록 하는 것이 중요하다.

계측 데이터를 그래프로 만든다

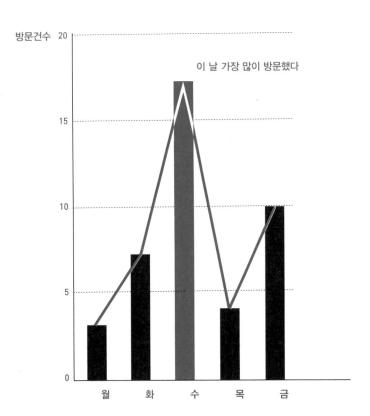

수치화하면 부하직원의 행동을 명확히 알 수 있어

칭찬하기 쉬워진다.

40.

정기적인
피드백으로
총정리

'바람직한 행동'을 한 횟수를 계측해 그래프 등으로 기록하면 그 다음에는 당신이 피드백을 할 차례이다. 정기적으로 기록을 체크하며 순조롭게 행동하고 있다면 제대로 부하직원을 칭찬하도록 하자. 그렇다곤 해도 거창하게 생각할 필요는 없다. "좋아, 잘 하고 있군!" 이렇게 한 마디만 해주면 충분하다.

그런데 '정기적'이라고 하면 어느 정도의 사이클이 좋을까? 행동의 '강화'는 그 행동을 취한 직후 60초 이내에 이루어지는 것이 가장 이상적이다.

상대가 아이일 경우에는 행동한 다음 날 '어제 그 행동은 잘 했다'라는 식으로 칭찬해도 '강화'되지는 않지만 어른일 경우에는 더 나중에 칭찬을 해도 행동 직후에 이루어지는 '강화'와 마찬가지의 효과를 얻을 수 있다.

행동분석 실험으로 그 한도는 최장 2주일 정도라는 사실이 판명되었다. 1개월 후에 평가받게 되면 확실히 '강화'의 효과가 사라진다고 한다. 적어도 2주에 한 번씩은 부하직원과 함께 기록을 체크하는 기회를 갖도록 하자.

그리고 아무리 바빠도 설정한 사이클은 지키도록 하자. 체크하다가 말다가 하는 식이라면 '강화'의 효력이 눈에 띄게 약해지고 만다.

위와 같이 '결과'로 이어지는 '바람직한 행동'을 상사와 부하직원, 선배와 후배가 함께 선정하고 행동한 수를 계측, 기록, 피드백을 실시하면 부하직원은 '바람직한 행동'을 반복하고 지속할 수 있게 된다.

나아가 이 프로세스를 실행하는 장점은 그것뿐만이 아니다. "그럼 이달은 이 '행동'에 타깃을 줄여 열심히 해 보자!"라고 부하직원과 상사가 과제를 공유하며 평가의 과정을 통해 두 사람의 신뢰관계도 더욱 견고해질 것이다. 그리고 지도하는 내용이 명확해지기 때문에 당신의 가르치는 방법이나 매니지먼트 스킬도 착실히 향상하게 된다.

41.

**부하직원이나
후배에게
맡기고 있는가?**

인재육성을 위한 시점의 하나로 부하직원을 가지는 모든 사람들이 알아두면 좋은 것이 '프롬프터(Prompter)'와 '페이딩(fading)'이다. 행동분석학에서 자주 사용하는 용어이다.

'프롬프터'란 어떤 행동이 일어나기 쉽도록 보조해주는 것을 말한다. '퀴즈의 답을 알지 못해 곤란한 사람에게 힌트를 준다'는 식의 언어적인 것도 있으며, '물구나무서기 트레이닝을 하는 사람이 힘껏 차올린 다리를 잡아 지탱해준다'는 식의 신체적인 것도 있다.

한편 '페이딩'은 보조에서 벗어난 작업이다.

수영장에서 사용하는 '킥판(물장구를 치기 위해 물에 뜨는 것을 도와주는 부력이 있는 판 ─ 옮긴이)'이나 유아용 자전거에 달린 보조바퀴도 프롬프터이다. 그렇다면 자전거의 보조바퀴는 무엇을 위해 있는 것일까? 언젠가는 보조바퀴 없이 자전거를 탈 수 있게 되기 위해서이다. 수영 연습 역시 목표는 '킥판을 사용해 멋지게 수영하는 것'이 아니라 킥판을 사용하지 않고 수영할 수 있게 되는 것이다.

하지만 여러 회사의 사원 육성 과정을 보면 보조바퀴를 단 채 부하직원을 계속해서 달리도록 만드는 상사가 매우 많은 것처럼 느껴진다. 외부와의 미팅에 언제까지나 상사가 부하직원을 데리고 다닌다든가, 회의 자료 만들기를 부하직원에게 맡겨야 하는데 항상 상사가 문서의 구성을 생각한 후 넘기는 일 등이 그 예다.

외부와의 미팅에 상사가 동행하는 경우에는 아직 부하직원이 일을 막 시작한 시기라면 프레젠테이션 등 중요한 장면에서 상사가 살짝 서포트하는 것은 전혀 문제가 되지 않는다. 하지만 그것은 어디까지나 부하직원이 스스로 프레젠테이션을 할 수 있도록 하기 위한 프롬프터일 뿐이다. 때문에 언젠가는 물러나야 하는 것을 자각할 필요가 있다. 그러나 상사도, 부하직원도 신입사원을 위한 프롬프터는 알아도 페이딩에는 무심한 것이 보통이다.

이런 방식을 지속한다면 진정한 의미의 성과와 자립을 방해하고 말 것이다. 당신의 상사와 부하직원, 그리고 당신은 어떠한지, 이번 기회에 꼭 점검해보길 바란다.

42.

'강화'할 행동은
신중하게 선택할 것

여기서 다시 한 번, 누구라도 문제점을 쉽게 알 수 있도록 공부를 둘러싼 부모와 자식간의 이야기를 분석하겠다. 분명 당신도 업무 현장에서 비슷한 일을 경험하고 있을 것이다.

공부를 전혀 하지 않았던 초등학생이 어머니에게 매우 혼이 나서 '매일 30분은 반드시 공부한다. 게임이나 TV는 공부를 한 후에 본다'라는 규칙을 세웠다. 본인은 마지못해 공부를 시작했지만 그 전까지 일상적으로 공부하는 아이의 모습을 본 적이 없던 어머니는 크게 기뻐한다. 매일 30분간의 공부시간이 끝날 무렵에 맞춰 간식을 가져오며 "기특하구나", "열심히 하고 있구나"라고 계속해서 칭찬을 해 준다.

계속한지 한 달 정도가 된 어느 날, 아들의 노트를 열어본 어머니는 너무도 지저분하고 판별할 수 없는 문자가 늘어서 있는 것을 보고 깜짝 놀란다.

하지만 지금까지의 흐름을 행동과학의 시점에서 살펴보면 '지저분한 글씨로 공부한다'는 행동을 매일 '강화'해온 것은 다름 아닌 어머니이다.

즉, 어머니는 '30분 공부하고 있다'는 사실에만 초점을 맞추고 있었기 때문에 글씨가 지저분한데도 불구하고 줄곧 칭찬을 했으며, 그 결과 '30분 공부한다'와 마찬가지로 '글씨를 지저분하게 쓴다'는 행동까지 강화하고 있었던 것이다. 깨끗한 글씨로 공부하길 바랐다면 그 과제를 두 사람이 공유하며 정기적으로 노트를 체크하고 '글씨를 깨끗하게 썼을 때 칭찬하기'를 했어야 한다.

같은 일이 직장에서도 자주 일어나고 있는데, 예를 들어 '늦게까지 야근한다'를 '일을 잘 하고 있다', '매일같이 외근을 한다'를 '새로운, 무언가 좋은 일을 만들고 있다'라고 착각하고 완전히 안심해버리는 상사가 적지 않다.

늦게까지 야근한 경우에는 일하는 시간 동안의 스케줄에 문제가 있다거나 기획서를 만들 때 서류의 체계를 정리하기 위해 필요 이상으로 시간을 소비했다거나 자료가 제대로 정리되어있지 않아 무엇을 하려고 해도 시간이 걸렸다 등 다양한 이유를 생각할 수 있다.

특히 이 경우에는 신입사원과 마찬가지로 일하는 모습을 빈번히 체크하지 않는 중견사원이 제일 주의할 필요가 있다. 때로는 중학생의 '노트 내용'에 해당하는 부하직원의 '업무 내용'에도 눈을 돌려보길 바란다.

Summary

Chapter VIII 지속시키기 위해서

- 의욕만으로는 일의 성과가 오르지 않는다.

- 행동의 평가는 정확한 수치화가 우선되어 한다.
  업무 사이클을 엄수하여 부하직원과 함께 계측하고
  피드백하자.

- 성장을 위해서는 물러날 줄 알아야 한다.
  스스로 설 수 있는 방법을 가르쳐주는 것이야말로 직원 육성이다.

- 야근과 외근 등의 행동으로 업무의 성과를 쉽게 믿지 말자.
  어쩌면 근무 시간에 문제가 있는 것일지도 모른다.

Chapter IX

이런 경우에는
어떻게 할까?

43.

어떤 부하직원이든

'가르치는 방법의 기본'은

공통

새로운 일 혹은 일을 추진하는 방법을 지도하거나, 장기간 부하직원의 성장을 서포트하는 상사의 임무에서 무엇보다 중요한 포인트는 '행동' 그 자체에 주목하는 것이다.

성과를 올리기 위해 필요한 행동이란 것은 반드시 존재한다. 그것을 하지 못하는 부하직원에게는 할 수 있게 될 때까지 가르친다. 그 행동의 횟수가 부족한 부하직원이 있다면 늘리기 위한 방법을 쓴다. 바람직한 행동을 방해하는 '바람직하지 않은 행동'을 하고 있다면, 그것을 그만두게 하거나 줄이게 한다.

이런 노력으로 '성과를 올리기 위해 필요한 바람직한 행동'이 늘어나면 반드시 성과를 얻을 수 있게 된다.

이 프로세스에서 부하직원의 성격, 혹은 마음이 강하거나 약한 것은 지도 대상이 아니다. 대상은 어디까지나 '행동'이다. 설령 부하직원이 자기보다도 연상이라고 해도, 외국인이라고 해도, 그 '행동'에 초점을 두는 것으로 효과적인 지도가 가능하다는 것이 나의 주장이다.

단, 상대의 희생이나 입장에 맞춘 배려나 염려를 더하는 것은 커뮤니케이션을 원활하게 하기 위해서도 직장 풍토를 건전하게 하기 위해서도 도움이 된다.

예를 들어 나의 경우, 부하직원이 남성이든 여성이든 결코 차별하지 않는다. 물론 구별은 한다. 무거운 물건을 들어야 하는 일은 남성에게 맡기고, 오랜 시간에 걸쳐 팀 전원이 함께 업무에 몰두하고 있을 때, '슬슬 순서대로 휴식을 취해볼까?'라고 생각할 때에는 반드시 여성 스태프들에게 먼저 휴식을 취하도록 한다. 상사나 부하직원 몇 명이 함께 엘리베이터를 기다리는 상황에서 여성들을 제쳐두고 자기 먼저 얼른 엘리베이터에 타버리는 남성 상사들이 있다. 그런 행위를 나는 결코 이해할 수 없다.

특성이나 입장에 맞춘 배려나 염려의 근원에 존재하는 것이 상대를 경의하는 마음이다. 부하직원에 항상 경의를 품으며 그 사람의 '행동'에 초점을 맞춰 지도하고 육성해야 한다. 이를 실천할 수 있다면 당신의 리더십이나 매니지먼트 능력은 틀림없이 더 향상될 것이다.

44.

연상인
부하직원

버블경제의 붕괴, 정리해고 확산, 비즈니스의 글로벌화로 경쟁이 심화되면서 이런 배경을 통해 생각지 못했던 속도로 연공서열제가 붕괴되고 있다.

그 결과 옛날이라면 결코 있을 수 없었던 '연상의 부하직원'을 생기는 상황이 지금은 전혀 드문 일이 아니게 되었다. 그렇다면, 나이가 많은 사람이 부하직원으로 들어왔을 때 상사는 대체 어떻게 부하직원을 지도하면 좋을까?

가장 중요한 것은 '상사와 부하는 상하관계가 아니다'라는 발상이 아닐까? 즉, 두 사람 사이에 있는 것은 '팀을 정리하고 지시를 내리는 사람'과 '현장에서 일하며 성과를 올리는 사람'이라는 포지션의 차이밖에는 없다는 것이다. '각각의 장점과 단점을 살려 배치된 것으로, 입장은 동등하다'라는 자세

로 일을 하면 지시를 하거나 지도를 할 때 '망설임'을 불식시
킬 수 있을 것이다.

"○○씨는 현장 일을 부탁드립니다. 뭔가 문제점이나 과제를 발
견하면 바로 피드백해주십시오. 정리나 환경정비 같은 일은 제가
책임지고 하겠습니다."

설령 입으로 말하지 않아도 이런 기분을 가지고 접하면 같
은 프로끼리 각자의 업무를 원활하게 수행할 수 있을 것이다.

그리고 말하기 조심스러운 부분이긴 하지만 연장자이면서
부하직원의 위치에 서게 된 사람은 약간 일이 서투른 면이 있
을지도 모른다. 혹은 시간을 능숙하게 활용하지 못할 가능성
도 있다.

따라서 담당업무의 양이나 범위를 너무 넓게 잡지 않는 것
이 포인트이다. 업무를 나눌 때는 본인이 가지고 있는 강점이
나 장단점에 주목해 그것을 최대한 살릴 수 있도록 우선하면
좋을 것이다.

물론 일에서도 그 외의 곳에서도 인생의 선배로서 경의를
표현하는 것이 중요하다는 사실은 말할 필요도 없다.

45.

경력사원

지금까지의 경력을 인정받아 '즉시 전력'으로 입사해온 사람들이 있다. '이미 상당한 경험이 쌓였기 때문에 일을 가르치는 것에는 그렇게 비중을 두지 않아도 되지 않을까?' 하고 생각하기 쉽지만, 오히려 다른 회사에서 쌓은 경험이 있기 때문에 더욱 체크해 두어야만 할 것들이 있다. 그것은 '어디까지 알고 있는가? 어디까지 할 수 있는가?' 하는 문제이다.

예전 직장이 지금의 회사와 같은 업계에 속한다고 해도 혹은 담당했던 업무나 직종이 변함없는 것이라 해도 '성과를 올리기 위한 행동이나 업무 방식'이 완전히 같을 리 없고, 회사가 다르면 업무에 관한 용어를 사용하는 방법이 다른 경우도 많다.

먼저 앞에서 소개한 **가르치는 기술 17**을 참고로 하여 그 부하직원이 '모두 알고 있는 일 / 알지 못하는 일', '할 수 있는 일 / 할 수 없는 일'을 분류하길 바란다. 그리고 알지 못하는 일 / 할 수 없는 일이 있다면 확실히 가르쳐야 한다. 그것이 첫 번째 포인트이다.

이처럼 경험이 있는 사람에게 기본적인 지식이나 기술의 유무를 확인하거나 가르치는 일에는 다소 주저할 수 있다. 하지만 평소의 업무를 처리하면서 '이런 기본적인 것은 질문하기 어렵다', 'ㅇㅇ라는 용어를 쓰는 방법이 이 회사와 전의 직장에서 다를지도 모른다' 등 남몰래 고민하고 있는 경력사원이 실은 꽤 많다.

두 번째 포인트는 열후순위를 철저하게 정할 것. 열후순위는 앞서 **가르치는 기술 25**에서 이야기한 것처럼 하지 않아도 되는 일을 뜻한다. 경력사원은 예전 직장에서 했던 방식을 기초로 업무의 우선순위를 정할 것이다. 그 중에는 어쩌면 당신의 회사에서는 '하지 않았으면 하는 일', '하면 안 되는 일'이 포함되어 있는 경우도 있으므로, 그런 경우에는 "이것과 이것은 하지 않아도 괜찮습니다"라고 확실히 알려주어야 한다.

세 번째는 당신의 상담 상대로서 여러 상황에서 의견을 구할 것. 신뢰관계가 깊어졌다면 다른 회사에서 경험을 쌓은 사람들만의 아이디어를 얻을 수 있을 것이다.

46.

이상과
현실의 차이에
고민하는 신입

당신 스스로의 경험을 떠올려보면 알 수 있겠지만 많은 신입 사원은 그 회사의 이념이나 장래적인 비전, 존중하는 가치관, 사회공헌에 대한 사고방식 등에 공감하거나 혹은 경영자의 '생각'에 반해 입사하고 있다.

하지만 실제로 회사에 들어와 보면 거기에 숭고한 이념이나 사상은 조금도 찾아볼 수 없거나 혹은 매출 목표 숫자나 코스트 삭감을 위한 세세한 규칙 같이 극히 현실적인 것들뿐이다.

이런 소위 말하는 이상과 현실의 차이를 목격하고 일부의 신입사원들은 '자신은 대체 무엇을 위해 입사했을까'라며 고민하거나 일할 의욕을 잃어버린다.

이런 상황에서 벗어나기 위해서 신입사원들에게는 기업이념이 매일 하는 업무와 관계한다는 사실을 틈이 날 때마다 조금씩 끊길 정도로 설명해줄 필요가 있다.

— 당신이 매일 하는 업무와 회사가 내걸고 있는 커다란 이념이
　　전혀 관계가 없어 보일지도 모르겠지만 실제로는 밀접하게
　　연결되어 있다.
— 회사의 이념을 실현하기 위해 꼭 해야 할 일을 세세하게 분
　　석한 것이 각각의 부서나 팀에 배포되어 있다.
— 당신을 포함한 모든 사원들이 매일 쌓아가는 행동들이 회사
　　의 매출이나 이익을 늘려 그 덕분에 손님과 회사에 공헌할
　　수 있고 그것이 나아가 회사의 이념이나 비전을 이루는 일이
　　된다.

신입사원에게 이런 이야기를 하는 것이 중요하다는 사실
을, 가급적 사내에서 신입사원을 지도하는 상사 전원이 공유
하는 것이 이상적이다. '기업이념 따위는 그림과도 같은 허상
이다. 핵심은 이익이 높이는 것이다'와 같은 말을 하는 상사
가 있다면 지도받은 신입사원은 훗날 자기가 상사가 됐을 때,
자신의 부하에게 같은 방법으로 지도할지도 모른다.

언젠가 상사가 될 그들을 위해서라도 철저하게 지도하도록
하자.

47.

일 잘하는
사원

결론부터 먼저 말하자면, 설령 유능한 부하직원이라도 일을 맡긴 채로 방치해두면 안 된다. 상사가 전혀 관여하지 않으면 그 사원의 실적은 반드시 떨어진다.

애당초 '부하직원에게 일을 맡긴다'는 것은 무엇을 의미하는 것이라 생각하는가?

구태여 가혹한 표현을 쓰자면 상사는 자신의 일을 부하직원에게 시키고 있는 것이다. 따라서 상사가 자신의 일이 어떻게 진행되고 있는지 체크하는 것이 당연하다는 것이 대전제가 된다.

또한 셀프매니지먼트란 매우 어려운 것이다. 애당초 인간이란 가능한 편한 방법으로 성과를 내려고 하는 동물이므로, 무언가 일하도록 만들거나 장치를 걸어두지 않으면 어떻게든

딴 짓을 하고 만다. 그런 것들 없이 셀프매니지먼트가 가능한 사람은 겨우 3~5% 정도밖에는 없다고 말할 수 있을 정도이다.

거기서 상사인 당신에게 반드시 했으면 하는 일이 부정기적으로 체크하는 것이다. 아직 일을 충분히 잘하지 못하는 사원에게는 반드시 정기적인 체크가 필요하다는 사실을 설명했다. 이미 그 일을 숙달되어 제대로 성과를 올리고 있는 부하 직원에게도 마찬가지 빈도로 체크를 하면 오히려 의욕을 떨어뜨릴 가능성이 있기 때문에 때때로 불시에 "요전에 부탁했던 일의 진행상황을 좀 보여주겠나?"라는 식으로 말을 걸어보면 좋을 것이다.

그리고 순조롭게 진행되고 있다면 필요한 '행동'을 하고 있다고 명확히 인정해주도록 하자. 거기에 더해 "역시 대단하네", "역시 자네에게는 맡길 만하지"라는 식으로 진심을 담아 격려한다면 제일 좋겠지만, 쑥스럽게 그런 것을 못 하겠다고 생각하는 사람은 크게 고개를 끄덕이는 정도라도 상관없다.

이처럼 유능한 사원에게는 때때로 '나는 이 상사에게 신뢰를 받고 있구나' 하고 실감할 수 있을 기회를 주는 것이 매우 중요하다.

48.

아르바이트,
파견사원

인기 있는 옷가게나 열렬한 팬들을 가지고 있는 놀이공원 등
확고한 브랜드의 힘을 가지는 기업은 예외로 하고 극히 일반
적인 회사에 아르바이트로 응모하는 사람의 대부분은 그 회
사의 이념이나 비전, 미션 등에 이끌려 지원한 것이 아니다.

아마도 시급이나 근무조건, 자신에게 맞는 업무내용인가
하는 포인트를 기초로 어디에 지원할지 결정했을 것이다. 그
런 사람들에게 일을 가르쳐 확실히 습득할 수 있게 하고, 그
사람이 가진 최고의 실적을 발휘할 수 있도록 하기 위해선 어
떻게 하면 좋을까?

사원이라면 회사의 이념이나 그 사람이 일을 통해 달성하
고 싶은 목표로 행동을 확립조작하는 것이 효과적이겠지만,
아르바이트의 경우에는 자신의 일에 대한 '보람'을 가질 수

있게 만드는 것이 우선이다.

그를 위한 방법으로 가장 유효한 것이 업무의 전체상과 그 사람의 위치를 제대로 설명해 본인이 '자신의 필요성'을 강하게 느끼도록 하는 것이다.

"당신이 해준 일이 ○○씨에게로 전달된 후, 이 부서로 넘어가 최종적으론 이런 식으로 완성됩니다"라고 본인을 둘러싼 사람과 팀과의 관계성, 그리고 업무 전체의 최종적인 미션을 알기 쉽게 전달하자.

한편 파견사원의 경우에는 기본적으론 '그 업무의 프로'가 해주고 있기 때문에 일의 노하우를 세세하게 가르쳐줄 필요는 없다. 하지만 그 사람에게 요구하는 일이 그렇게 심하게 시간적 제약을 갖지 않는 단순노동이 아닌 어느 정도 곤란한 목표를 완수해야 하는 종류의 일이라면 커뮤니케이션을 충분히 해야 한다.

상대의 사생활에 너무 관여하지 말고 어디까지나 '행동과 업무태도'에 집중해 말을 걸어보는 것도 좋을 것이다. '보람'을 느낄 수 있을 만한 계기나 장치가 중요한 것은 아르바이트를 하는 사람에게도 마찬가지이다.

49.

외국인

외국인 부하직원을 지도할 때 무엇보다 중요한 것은 커뮤니케이션이다. 그런 것 정도 알고 있다고 느끼는 독자들도 많을지 모르겠다. 그렇다면, 유의해야 할 점은 무엇이라고 생각하는가?

이렇게 말하면 놀랄지도 모르겠지만, 외국인과 커뮤니케이션을 할 때 포인트는 말에 너무 의지하지 말라는 점이다.

일본처럼 기본적으로 단일 언어를 사용하는 국가에서는 말에 매우 커다란 힘이 있다고 생각하기 쉽다. 하지만 언어도, 민족도, 문화도, 가치관도 다른 사람들끼리 공존하고 있는 것이 당연한 환경에서 자란 사람들은 '언어란 잘 전달이 되지 않는 것'이라는 전제 하에 '그럼 어떻게 커뮤니케이션을 해야 하는가' 하고 생각한다.

그리고 나는 업무상 여러 나라 사람들과 접촉하는데, 일본인과 일하는 외국인들에게 자주 듣는 말이 "일본인의 표현은 애매해서 나한테 무엇을 해달라고 하는 것인지 알 수 없는 경우가 꽤 많다"라는 의견이다.

그렇다면 그런 배경을 기초로 외국인 부하직원과 어떻게 접촉하면 좋을까? 그 기본은 '행동'에 기초한 지시를 확실히 내리는 것이다.

이런 에피소드가 있었다. 어떤 나라에 공장을 만든 기업이 현지 언어를 전혀 할 수 없는 일본인을 부사장으로 보냈다고 한다. 평범하게 생각하면 먼저 언어나 문화를 배우고 현지 생활에 녹아든 후 본격적으로 일을 시작하는 단계를 밟을 것이라 생각하지만, 그는 바로 일을 시작했다.

부하직원이 한 업무에 "예스(잘 했다)"와 "노(틀렸다)" 그리고 '칭찬하는 말'과 '금지하는 말', 이 네 가지만을 사용하여 현지의 사원들에게 일을 지시한 결과, 1년 간 매출을 1.3배 상승시킨 것이다. 즉, 일이라는 것은 행동에 주목하기만 해도 성과를 낼 수 있다는 뜻이다.

언어에 의지하지 않는 커뮤니케이션의 경우 '시각지원 노하우'가 매우 참고가 될 것이다. 이는 뒤에 나오는 **가르치는 기술 55**에서 자세하게 소개하겠다.

Summary

Chapter IX   이런 경우에는 어떻게 할까?

지도와 육성에 있어 차별하지 않는다.
입장과 특성에 맞게 배려하는 마음을 갖는 것이 중요하다.

상사와 부하직원은 상하관계가 아니다.
각자의 능력과 경력에 맞게 각각 다른 위치에 배정된 것뿐이다.

신입사원에게는 지금 하는 일이
회사의 이념과 비전에 어떻게 관계되어 있는지 끊임없이 설명하자.

어느 정도 일을 능숙하게 잘 해내는 사원이라도
비정기적으로 상황을 점검할 필요가 있다.

외국인 사원을 대할 때는 말에만 의지하지 말자.
행동에 주목한 명확한 표현으로 지시하자.

Chapter X

다수의 사람을
가르치는 경우

50.

듣는 사람의
머릿속에
프레임을 만들자

여러 사람 앞에서 이야기하는 역할을 맡았을 때 사람들은 대부분 '어쨌든 하나라도 더 많은 메시지를 전달해야 할 텐데' 하고 생각하기 마련이다. 예전에 나 또한 그랬다.

어린 시절을 떠올려보자. 이런 경험이 있지 않은가? 조례시간에 교장선생님의 이야기나 학교 행사에 참석한 내빈 이야기가 너무 길고 지루해 하나도 머릿속에 들어오지 않았던 일 말이다.

그들이 이야기하는 방식에는 '전달하고 싶은 내용을 그저 나열하듯 줄곧 이야기한다'라는 공통점이 있다.

그러면 듣고 있는 쪽의 머릿속은 '이 사람은 무슨 말을 하고 싶은 걸까?', '어라? 아까까지 하던 이야기는 뭐였지?', '언제까지 이 이야기가 계속될까?'라는 식으로 '?' 투성이가 되어 처음 방문한 동네에 지도도 없이 내몰린 듯 길을 헤매게 된다.

여러 사람에게 무언가를 말할 때 필요한 것은 듣는 사람의 머릿속에 프레임을 만들어 주는 것이다. 나의 경우, 세미나 같은 곳에서 우선 제일 먼저 하는 말이 "오늘은 이것과 이것, 그리고 이것 이 세 가지에 관해 이야기하겠습니다"이다.

그렇게 하면 듣는 사람은 다시 한 번 머릿속에 세 가지의 테마 프레임을 준비해 둘 수 있기 때문에 그 후에는 각각의 자세한 내용을 그 프레임 속에 집어넣기만 하면 된다. 이렇게 해야 이야기를 듣는 청중들은 그 내용을 다 들은 후에 정리하는 것이 아니라 처음부터 정리한 형태로 정보를 흘려보내게 되어 이해하기 쉬워진다.

또는 가이드맵을 떠올리며 이야기를 구성하는 것도 효과적인 방법이다.

"오늘의 스터디 모임 목표는 여기까지이고 지금 우리는 여기까지 진행했습니다. 세 개의 과제를 완수해 목표에 도달합시다"라는 식으로 전체상을 제안하면 학습 집중도가 큰 폭으로 향상된다.

이런 방법은 강연회나 스터디 모임은 물론 회의나 미팅에서도 효과적이다. 프레임이나 가이드북의 개념을 활용해 참가자 전원의 사고를 깔끔하게 정리하자.

51.

왜 글을 쓰게 하는가?

무엇을 쓰게 할 것인가?

세미나나 스터디 모임에 참가해 강사가 화이트보드에 적는 것들을 내내 노트에 옮겨 적기만 한 경험이 있지 않은가?

전원이 필사적으로 필기하는 광경은 열심히 공부하는 분위기를 자아내 마치 그 모임이 순조롭게 진행되며 참가자들이 많은 것을 배우고 있는 것처럼 생각하기 마련이지만 아쉽게도 그렇지 않다.

이런 학습의 장에서 초점을 맞춰야 할 것은 지금 말하고 있는 개념을 이해하고 규칙을 기억하는 행동이지 무엇이든 받아 적는 일은 본래의 목적과 관계없는 '쓸데없는 행동'이다.

따라서 제한된 시간 안에 지도하거나 강연을 할 때 필기를 하도록 시키는 일은 전략적으로 생각해야 한다. 여기에서 잠시 연습해 보도록 하자.

1. 다음 페이지를 넘기고 밑에 있는 숫자를 10초간 바라보시오.

2. 196p 아래에 있는 물음에 대답하시오.

3. 198p 하단의 숫자를 여기에 3회 옮겨 적으시오.

4. 다 적었다면, 200p 아래에 있는 물음에 답하시오.

어떠한가?

아마도 대부분의 독자들이 세 번 옮겨 적는 작업을 했을 때 숫자의 배열이 머릿속에 확실히 들어오게 되었다고 생각할 것이다. 즉 '적는다'는 행동은 '기억한다'는 행동과 매우 밀접한 관계가 있다는 뜻이다.

따라서 기억하게 하고 싶은 것은 그 부분을 배우는 사람에게 적어보게 만드는 것이 배움의 현장에서 사용할 수 있는 절대적인 규칙이다.

또 한 가지, '적는다'는 행동과 깊이 연동되는 것이 '생각한다'는 행위이다.

예를 들어, 학교 수학 수업에서 "이 문제는 푸는 법이 매우 중요하므로, 선생님이 설명하면서 풀어가겠습니다. 여러분, 칠판을 집중해서 보고 기억해주세요"라고 말한 뒤 해답 과정을 점점 칠판에 적어가는 선생님이 있다고 하자.

아이들은 완전히 이해했다고 생각하겠지만, 실은 전혀 이해하지도 기억하지도 못한다. 왜냐하면 스스로 풀어보기(쓰기)를 하지 않았기 때문이다.

가르치는 방법이 미숙한 선생님일수록 이런 수업을 하는 경향이 있다. 그렇게 중요하지 않은 것이나 모두가 이미 습득하고 있어 간단히 답할 수 있는 것만 쓰게 만들고 정작 꼭 기

8567145310

억해야 할 중요한 포인트는 쓰게 하지 않는 것이다.

또한 이것은 회의나 미팅 등의 장면에서 자주 있는 일인데, 부하직원에게 마치 입버릇처럼 "생각해라", "생각해라"라고 말하는 상사들이 있다. 그저 단순히 생각하라고 말해도 역효과를 낸다. 생각하게 만들고 싶다면, 어떤 장치가 필요하다.

예를 들어, "올해 4월 말까지 목표를 달성하기 위해서 어떤 행동이 필요하다고 생각하는가? 생각난 것들을 적도록 하시오"라고 구체적으로 지시하는 것이 좋다.

그렇게 하면 지시받은 쪽은 현명하게 생각하여 그것을 문자로 나타낼 것이다. 이처럼 기억하기와 생각하기 행동과 밀접하게 관련된 '쓰기'라는 행동을 세미나나 스터디 모임 같은 배움의 장소에서 활용할 때는 '무엇을 위해 적게 하는가?', '무엇을 적게 하면 좋은가?' 하고 면밀히 고민해 선택하도록 하자.

이런 때를 위해 정해둔 룰이 두 가지 있다.

1. 기억했으면 하는 키워드는 공란을 메우는 식으로 쓰게 한다

귀중한 시간을 칠판에 필기하는 데 낭비하는 것은 더할 나위 없이 아까운 일이다. 필요한 정보는 먼저 프린트에 정리해 두고 중요한 포인트나 용어 등 꼭 기억했으면 하는 일은 본인이 쓸 수 있도록 공란으로 두자.

2. 생각하게 하고 싶다면 자유롭게 기술하게 한다

세미나나 스터디 모임에 출석하는 가장 큰 목적은 거기에서 배운 것을 자신의 일이나 생활에서 활용하게 하는 것이다. 그러기 위해서는 '배운 것과 기억한 것'을 자기 스스로의 문제로 적용하는 작업이 꼭 필요하다.

나는 세미나 참가자에게 '자유롭게 기술하는 란에 쓰기'라는 행동을 하도록 할 때에는 반드시 그런 시점으로 테마를 결정한다.

왼쪽에서 3번째 숫자는 무엇이었습니까?

52.

이시다식
세미나의 법칙

───

여기에선 내가 세미나나 강연회에서 다양한 요소(인쇄물/슬라이드/말하기/필기하게 하기/읽게 하기)를 어떻게 구분해 사용하고 상호간에 관련시키고 있는가 하는 사실을 중심으로 네 개의 포인트를 소개하겠다.

사내 스터디 모임, 강연회는 물론 사내, 외에서 실시하는 회의나 프레젠테이션, 발표회 등에도 응용할 수 있지 않을까 생각한다.

1. 말하는 것에만 의지하지 않는다

어느 정도의 시간을 들여 그 나름대로의 양을 가진 정보나 지식을 전달하는 '모임'의 경우, 모든 것을 구두로 전하려는 생각은 먼저 버리도록 하자.

제일 큰 이유는 듣는 쪽이 질려버리기 때문이다. 이야기하는 쪽이 만담가이거나 토크의 프로라면 훌륭한 화술로 참가자의 흥미를 계속해서 끌 수 있을지 모르겠지만 그 이외의 사람에겐 무리이다. 나 역시 자신이 없다.

또 하나의 이유는 이야기하는 것 이외에도 정보를 전달하는 방식에는 여러 가지가 있기 때문에 그것을 효율적으로 편성함으로써 학습효과를 더욱 높일 수 있게 하기 위해서이다. 그런 후에 구두로 이야기해야 할 것은 무엇일지를 생각해보자.

2. 프린트와 슬라이드를 구분해 사용한다

미리 문자나 도표를 써 놓아 배우는 쪽이 그것을 볼 수 있다는 점에서 프린트도 슬라이드도 거의 마찬가지이지만, 나는 일부러 그것을 구분해 사용하고 있다.

슬라이드를 사용한다는 시점에서 이야기를 하자면 내가 슬라이드를 사용하는 첫 번째 이유는 '참가형'과 같은 분위기를 내고 싶기 때문이다.

"그러면 프린트 10페이지의 도표 4를 봐 주시기 바랍니다"라고 말하는 것보다 "슬라이드에 있는 이 도표를 보면서 모두 함께 생각해보도록 합시다"라고 말하는 편이 참가의식을 강화하거나 참가자끼리의 일체감을 높일 수 있다.

9682134295

두 번째는 프린트에 써둔 것의 개요나 정리를 슬라이드로 만드는 패턴이다. "나눠드린 프린트에 여러 가지를 써 두었지만, 거기서 포인트만을 뽑아 정리한 슬라이드가 있으니 이쪽을 봐 주십시오"라는 식으로 말하며 슬라이드를 보여준다.

그것을 보고 메모를 하거나 프린트의 해당하는 부분에 선을 그으며 중요한 부분을 확실히 인식할 수 있으며 모임이 끝난 후 프린트를 보면서 복습하는 데도 도움이 된다.

3. 읽게 한다 · 쓰게 한다

일방적으로 정보를 발신하기만 하지 않고 배우는 쪽도 참가할 수 있게 하는 것이 중요하다. 이것은 누구나가 아는 상식일 것이다. 하지만 '어떤 내용에 대해, 어떤 식으로 참가하게 해야 더욱 효과적일까?' 하는 것은 일절 고려하지 않고 어쨌든 즐거운 참가형 메뉴를 생각하는 일에 주력하는 사람을 볼 수 있다.

그렇게 하지 말고 각각의 행동의 특징을 생각하여 전략적으로 나누어가자. '필기하기'는 앞에서 쓴 대로 중요한 포인트를 기억하게 하고 싶고 가르친 내용을 깊이 생각하게 하고 싶을 때 알맞다. '읽기'는 주로 배우는 쪽이 지식을 흡수했으면 할 때 쓰는 장치이다.

4. 말하는 내용을 나눈다

앞에서 설명한대로 기본정보는 프린트나 슬라이드에 미리 게재하는 것을 기본으로 한다. 그런 후 굳이 '말하기'에 할당해 둘 것이 ① '여기가 중요하므로 기억해 주십시오'라는 식으로 강조하기, ② 가르친 내용을 더욱 알기 쉽게 하기 위해 사례를 소개하기, ③ 참가자의 업종이나 직종, 계층에 따라 활용 포인트를 제시하기, 이 세 가지이다.

이처럼 정보를 프린트나 슬라이드에 넣어 '쓰기', '읽기' 방법을 첨가하면 '말하기'가 담당하는 비율은 생각보다 가벼워진다. 말하는 것이 자신 없는 사람도 꼭 자신감을 갖고 노력해보길 바란다.

왼쪽에서 5번째 숫자는 무엇이었습니까?

53.

학습효과를 높이는
아홉 가지 장치

무언가를 익히거나 배우고 있을 때, 눈과 귀로 들어온 정보는 뇌 안에서 차례대로 처리되는데, 이 뇌 안에서 이루어지는 정보처리 과정을 서포트할 수 있는 가르치기 방법이 가능하며 학습 효과를 더욱 높게 한다.

여기서 교육심리학자인 로버트 가네(Robert M. Gagné) 박사가 제창한 '가네의 9교수사상'을 소개하겠다. 이 교수법에는 뇌 안의 정보처리를 서포트하는 효력이 특히 높은 아홉 개의 법칙이 채택되어 있다.

부하직원이나 후배의 육성에는 물론, 세미나나 프레젠테이션을 할 때도 참고할 만한 포인트가 곳곳에 있으니 눈여겨 두면 좋을 것이다.

1. 지도에 주목하게 만든다(Gain attention)

먼저, 배우는 쪽의 의식을 이쪽으로 돌린다. "그러면 시작하겠습니다"라는 식으로 말을 해도 좋지만, 많은 사람을 상대로 하는 강의나 세미나라면 갑자기 재연을 하거나 짧은 영상을 보여주는 등 특별한 방법을 이용하는 것도 하나의 방법이다. 맨투맨의 경우, 가르친 내용과 관계하는 '약간 기발한 질문'을 던지면 앞으로 배울 내용에 대한 호기심을 이끌어 낼 가능성이 커진다.

2. 학습 목표를 보여준다(Describe the goal)

지도한 것이나 학습을 통해 몸에 익힐 수 있는 지식이나 기술을 "오늘은 ○○에 필요한 전문용어를 외우도록 하겠습니다", "지금부터 연습하는 것은 ○○을 위한 스킬입니다"라는 식으로 지도를 하는 맨 첫 단계에서 전달한다. 이로 인해 적당한 기대감이 생겨나므로 배우는 쪽의 학습에 대한 집중도나 의욕은 더욱 높아진다.

'기술'을 가르칠 경우라면 상사가 실제로 하면서 보여주는 것이 가장 효과적이다.

3. 필요 지식을 생각해낸다(Stimulate recall of prior knowledge)

새로운 내용을 가르칠 때, 많은 경우 '이전 학습한 지식'이 필요해진다. 예를 들어 신제품 발표회 프레젠테이션을 트레이닝하기 위해선 제품의 스펙이나 슬라이드를 사용하는 방법을 알고 있는 것을 전제로 하게 된다.

이런 이전 학습한 지식은 뇌의 '장기기억'이라는 장소에 담아두었기 때문에 그것을 꺼내 자유롭게 활용할 수 있는 상태로 만든다.

4. 학습내용을 제시한다(Present the material to be learned)

'새로운 것을 가르친다'는 지도의 중심 과정.

구두로 혹은 프린트 등으로 가르치고 싶은 내용을 상대에게 전달한다. 지도자가 실제로 시범을 보이는 것이 가장 적당한 케이스도 있을 것이다.

여기에서 주의해야 할 점은 '중요 포인트를 눈에 띄게 만든다', '가르치는 내용을 추린다' 이 두 가지이다. 그 이유는 기억의 구조와 깊이 관련되어 있다.

사람은 눈이나 귀로 감지한 정보를 먼저 '단기기억'이라는 장소에 격납한다. 단, 저장해둔 정보의 양은 한정되어 있으므로 이 때 정보의 취사선택이 이루어진다. 취사선택의 규칙은 자신에게 유리한 정보나 필요성이 높은 정보만 격납하고, 그 이외의 것들은 무시하는 실로 간단한 것이다.

따라서 '반드시 기억해야 할 것'을 확실히 단기기억에 저장해두게 하고 싶다면 그 중요 포인트를 확실히 눈에 띄도록 만드는 것이 중요하다.

프린트나 슬라이드는 해당하는 부분의 문자를 크게 하고 굵은 글씨로 쓰는 식으로 가공하자. 구두로 가르쳤을 경우에는 목소리의 크기나 억양을 조정하거나 "여기가 중요합니다" 하고 한 마디 덧붙이면 좋을 것이다. 그렇게 하면 '아, 이것은 필요성이 높은 정보구나' 하고 감지하며 단기기억에 우선적으로 보낼 수 있게 된다.

가르치는 내용을 추려내는 이유는 단기기억의 정보 보관양이 한정되어 있기 때문이다. 한 번에 가르치는 것은 최대 세 개까지로 추려내자.

더 나아가 미리 내용을 정리해두고, 가능한 간결한 표현을 쓰도록 배려하면 단기기억에 보관될 확률은 비약적으로 높아진다.

5. 학습의 초보 가이드라인을 제공한다(Provide guidance for learning)

이것은 단기기억에 보유된 정보를 장기기억으로 이동시키

는 과정을 지원하는 장치로, '표현을 바꿔 설명하기', '실제 예를 소개하기', '비유하기', '이미 알고 있는 것과 관련짓기' 등 다양한 방법이 있다.

여기에서 포인트는, '몇 번이고 반복하기', '새롭게 배운 정보를 더욱 의미 있는 정보로 만들기' 이렇게 두 가지이다.

왜 몇 번이나 반복하는 것이 유효한가를 말하자면, 단기기억은 그 이름 그대로 아주 짧은 시간만 정보를 저장해두기 때문이다. 무엇인가 장치를 설정해두지 않으면, 20초 이내에 소실해버린다.

더욱 의미 있는 정보로 만들기 위해서는, 그렇게 함으로 인해 '장기기억'이 그 정보를 받아들이기 쉬워지기 때문이다. 배우는 쪽이 이미 알고 있는 것과 관련짓거나 비유를 하는 등 온갖 방법을 동원해 가르치면서 새롭게 배우는 내용의 의미나 정의를 점점 견고하게 만들 것이다.

6. 연습시킨다(Elicit performance 'practice')

가르친 내용이 올바르게 전달되었는지를 확인한다. 스킬을 가르치는 경우에는 실제로 해보게 하며, 지식을 가르치는 경우에는 미니 테스트나 퀴즈 등을 실시해보도록 하자.

7. 유익한 피드백을 준다(Provide informative feedback)

6에서 실시한 실기·미니테스트·퀴즈의 정답이 어떤 것인지 본인에게 확실히 이해시킬 수 있도록 피드백을 한다. 여기에서의 목적은 제대로 전달되었는지를 체크하고, 오해가 있거나 빠진 부분을 수정하는 일이다. 부하직원을 평가하는 것이 아님을 잊지 말도록 하자.

8. 학습 성과를 평가한다(Assess performance)

배우는 쪽이 기억해야 할 것을 확실히 기억하고, 익혀야 할 것을 확실히 익혔는지를 테스트 같은 방법으로 확인한다.

이런 확인은 지도를 한 직후뿐만 아니라 간격을 두고 몇 번인가 실시하는 것이 이상적이다.

9. 배운 것을 활용할 수 있게 한다(Enhance retention and transfer)

retention은 기억, transfer는 배운 것을 다양한 상황에 제대로 사용하는 것을 의미한다. 이 두 가지 능력을 더욱 높이기(=Enhance) 위해서는 적당한 간격을 두고 반복연습을 실시한다.

이 때 매번 상황이나 테마를 바꿔가면서 과제를 부여하면 매우 유효하다.

이상의 아홉 가지를 당신의 '가르치는 방법'을 향상시키기 위해 꼭 활용해보도록 하자.

54.

스터디 그룹 등을
구성하는 법

리더나 관리직에 있는 모든 분들은 복수의 사람들을 대상으로 한 스터디 모임이나 세미나 같은 모임에서 이야기할 기회도 많을 것이라 생각한다. 또한 지금은 기회가 없어도 앞으로 늘어나게 될 분들도 있을 것이다.

그런 때 먼저 생각해야만 할 것은 전체의 구성이다.

내가 세미나나 강연회의 구성을 생각할 때 참고로 하고 있는 2가지 룰이 있어 여기에서 소개하도록 하겠다.

1. 기본 : 응용 : 발전 = 6:3:1

이 '6:3:1'이라는 숫자는 시간의 배분을 의미한다.

가령 100분의 스터디 모임이 있다고 하면, 첫 60분은 기본, 이어서 30분은 응용, 마지막 10분은 발전이라는 식으로 말하는 내용의 레벨을 조정한다.

예를 들어 행동과학 스터디 모임이라면 가장 먼저 60분간 기본적인 내용을 배우고, "그럼, 지금까지 배운 행동과학의 기본이념을 기초로, 실제로 현장에서는 어떻게 활용할 수 있는지 여러분이 함께 생각해보도록 합시다"하고 응용으로 넘어간다.

기본편에서 '행동과학이란 의외로 간단하구나'하는 인상을 가진 사람도, 응용편에서 자신의 문제에 적용해 작업을 하면 '아, 어떻게 하면 좋을까?'하고 생각하기 시작한다. 그런 기회를 가질 수 있도록 하는 것은 매우 중요한 일이다.

그리고 마지막 10분에서는 상당히 높은 레벨의 내용이나 난해한 테마를 이야기한다. 간단한 산수를 배우고 있었는데, 마지막에는 미분적분 이야기를 듣고 나온다. 이 정도로 비약적인 내용이 좋을 것이다.

왜 그런 일을 하는가 하면 '지금 배운 것은 언젠가 장래에 이런 부분에까지 연결되는구나'하고 배우는 쪽이 상상할 수 있도록 하기 위해서이다.

그러면 배운 내용에 더욱 흥미를 가지게 되며, 스스로 더욱 깊이 배우려 하는 사람이 나타날 가능성도 높아진다.

2. 90/20/8 법칙

마인드맵의 개발자인 영국의 교육자 토니 부잔의 말에 따르면 세미나나 연수 등에서 참가자가 이해하면서 이야기를 들을 수 있는 시간은 평균 90분, 기억에 남기면서 들을 수 있는 것은 단 20분이라고 한다.

이 데이터에 기초해 인재개발 분야의 제 1인자 로버트 파이크가 개발한 것이 이 90/20/8 법칙이다. 그는 아래와 같은 것을 제안했다.

— 연수는 90분 이상 연속적으로 계속한다.

— 적어도 20분씩 형식을 변화시켜 연수의 기본을 바꾼다.

— 8분씩 참가자를 연수의 계획에 참가시킨다.

이 중에서 특히 내가 중요하다고 느끼는 것이 참가자 스스로가 계획에 참가할 수 있는 기회를 연수 곳곳에 설정하는 것이다.

그저 한결같이 이야기를 듣기만 하는 것이 아니라 이야기를 듣거나 슬라이드를 보면서 배운 것을 스스로의 문제에 적용하게 하기 위해 몸을 움직여 '쓰기, 읽기, 실습'하는 기회를 마련해 둔다면, 지겹게 느끼지 않고 집중해 연수를 받을 수 있을 것이다.

55.

사진이나
그림을 활용한다

일을 하는 방법을 가르치거나 무언가를 지시할 때 많은 경우 '말'을 사용해 구두로 설명하는데, 내용에 따라서는 그림이나 사진 같은 비주얼을 보여주는 편이 알기 쉬운 경우가 있다.

비주얼로 일의 순서나 중요한 지시를 전달할 때, 매우 참고가 되는 것이 '시각지원 프로그램'이라는 교육법이다. 이는 1960년대 미국에서 체계화된 자폐증 아동들을 위한 치료교육법인 'TEACCH 프로그램*' 등에서 활용되고 있는 방법이기도 하다.

---

* TEACCH = Treatment and Education of Autistic and related Communica-
tion handicapped Children = 자폐증 및 커뮤니케이션 장해 아동들을 위한 치
료와 교육

자폐증이나 아스퍼거 증후군 아동의 경우 시각을 통한 학습 능력이 우수하기 때문에 그림이나 사진을 사용하면서 스케줄(그 날 하루 계획, 1주일간의 활동 흐름 등)이나 수순(손 씻는 법, 몸을 단정하게 하는 순서, 물건을 사는 방법 등)을 가르치는 것이 효과적이다.

이 지원 프로그램과 같은 방식의 시도는 비즈니스 세계에서도 널리 퍼지고 있어, 여러 언어와 인종이 함께 일하는 경우가 많은 미국에서는 제조업이나 서비스업 현장에서 일의 공정을 '시각지원 프로그램'과 같은 타이틀로 명시하는 곳이 늘어나고 있다.

우리 회사에서도 7년 정도 전부터 시각지원 프로그램을 도입하기 시작했다. '아침, 출근한 후에 해야 할 일'이나 '공동으로 사용하는 비품의 수납장소'를 일러스트로 그려 입사한 지 얼마 안 된 사원을 포함한 전 사원이 '누가 해도 같은 결과를 얻을 수 있도록' 만든 것이다.

글로벌화와 함께 직장에서 외국인과 일하는 것도 드물지 않은 지금, 검토해볼 가치가 있는 시도 아닐까.

Summary

Chapter X   다수의 사람을 가르치는 경우

여러 사람 앞에서 이야기할 때는 첫머리에 전달하고 싶은 내용을
요약하여 듣는 사람의 머릿속에 프레임을 만들어 준다.

받아쓰는 것이 목적이 아니다.
상대가 기억했으면 하는 것, 생각했으면 하는 것만 쓰게 한다.

정보를 전달하는 방식에는 여러가지가 있다.
말하는 것이 자신 없다면 프린트와 슬라이드를 활용하여
구두로 이야기하는 비율을 낮춰보자.

배운 것은 사용해야 의미가 있다.
반복하는 연습으로 기억해야 할 것을 확실히 기억하게 하자.

'누가 해도 같은 결과가 나와야 하는' 일의 순서나 공정은
사진, 일러스트 등을 활용하여 매뉴얼화한다.

에필로그

앞으로의 시대에는 기업이 발신하는 가치관이나 이념 같은 것도 전에는 없었을 정도로 중요해질 것이다. 거기서 **빼놓을** 수 없는 것은 조직의 윗선뿐만 아니라 각자의 분야에 있는 상사, 조직을 구성하는 모든 멤버가 흔들림 없는 신념과 강한 마음을 가지는 것이다. 이를 위해서도 '인재육성'이 중요한 열쇠를 쥐고 있다.

자기 회사의 이념에 어떻게 공감하고 상사·선배들에게 무엇을 배우며 그것을 자기 부하직원이나 후배에게 어떻게 전달할까? 혹은 어떻게 고객과 거래처 사람들에게 전달할까? 앞으로의 상사들에게 '가르치는 기술'은 점점 중요해질 것이다.

행동과학 매니지먼트는 모든 행동을 세세하게 관찰·분석해 그것을 알기 쉽게 상대에게 전달하며 '행동 계측'이나 '피드백', '강화' 같은 세세한 지원을 하기 위한 것들로, 이에 대해 그 중에는 '의존형 인간을 만드는 것이 아닐까?' 하고 의문을 품는 사람도 있을 것이다.

하지만 여기에는 커다란 오해가 있다. 이 방법이 목표로 하는 것은 자기 혼자 목표를 세워 의욕적으로 일하며 스스로 생각하고 행동할 수 있는 자립형 인간으로 키우기 위한 것이니 말이다.

2011년 3월 11일. 이 날을 계기로 일본은 크게 변했다.

'미증유의 대재앙'이라는 말로는 다 할 수 없을 정도로 거대한 피해와, 그로 인해 일어난 큰 사고, 그리고 일본은 물론 해외에도 큰 영향을 미치고 있는 다양한 경제적 타격은 이 나라에서 살고 있는 모든 사람들의 인생관이나 직업관을 변화시켰다.

'나는 무엇을 위해 일하고 있을까', '정말로 내가 하고 싶었던 것은 이것일까', '돈 버는 일만 생각해도 괜찮을까?'

여러분도 새삼 많은 것들을 느끼고 생각했을 것이다. 내가 특히 강하게 깨달은 것은 '결국, 인간은 혼자서 아무것도 할 수 없다'는 사실이다.

예전에는 당연하게 생각했던 가족과의 유대감이나 이웃사람들과의 커뮤니티, 직장 사람들과의 마음의 교류, 그런 연결점들을 '귀찮은 것'이라고 생각하며 잘라버리고 나만 경제적인 기쁨을 느끼려고 하는 풍조가 일본 곳곳에 만연해 있었지만, 우연히도 이런 위기적인 상황을 통해 다시 한 번 사람들이 서로 이어져 있다는 것의 소중함을 발견하게 되었다.

그것은 어떤 종류의 위기감인 동시에, 한줄기 희망의 빛이기도 하다는 사실을 깨달은 것이다. 사람은 무엇을 위해 살고 있을까? 그 근간에 있는 것이 교육 즉, '인재육성'이라고 나는 확신한다. 당연한 이야기지만 사람을 키우는 과정에서도 다양한 고민이나 갈등이 있다. 하지만 사람이 성장하고 활기차게 일하는 모습을 볼 수 있는 것은 더할 나위 없는 기쁨이다. 그리고 자신과 관련된 인간이 성장하는 모습을 보는 것은 자기 자신이 성과를 올리는 것 이상으로 매우 훌륭한 감동을 준다. 그러기 위해서 나는 이 일을 계속하고 있다고 해도 과언이 아니다.

부하직원이 '바람직한 행동'을 할 수 있도록 지도한다. 그러기 위해서 작은 성공체험을 계속해서 쌓아간다. 예를 들면 마라톤 선수와 함께 뛰면서 타임을 늘려가며 뛸 수 있는 방법을 지도하는 코치와도 같다.

이런 노력을 통해 언젠가 부하직원은 스스로 생각하며 행동하고 결과를 만드는 인재로 반드시 변하게 된다.

이 책을 통해 당신의 '가르치는 기술'이 비약적으로 높아지며, 그로 인해 많은 유능한 인재를 기를 것. 그리고 그 경험을 통해 당신 자신 역시 더욱 성장해, 자신감을 높이고 사람을 키우는 기쁨과 충실감을 손에 넣기를 진심으로 기원한다.

마지막으로 이 책의 출판을 위해 협력해준 기무라 미유키 씨, 각 방면에서 전력을 다해주신 간키출판 다니우치 시호 씨에게 진심으로 감사의 말을 전한다.

그리고 부하직원이나 후배의 성장을 바라며 이 책을 읽어주신 독자 여러분에게 이 자리를 빌려 깊은 감사를 드린다.

행동과학 매니지먼트 연구소 소장

이시다 준

참고문헌

『크리에이티브 트레이닝 핸드북』 로버트 파이크 저

『행동분석학 입문』 스기야마 나오코, 시마무네 사토시, 사토 마사야, 리차드. W. 마롯, 아리아. E. 마롯 저

『퍼포먼스 매니지먼트 -문제해결을 위한 행동분석학』 시마무네 사토시 저

『인스트럭셔널 디자인의 원리』 R. M. 가네, K. C. 골라스, J. M. 켈러, W. W 웨이저 저.

페트병의 물을 컵에 담는
행동의 분석

01. 페트병을 본다.
02. 페트병에 손을 뻗는다.
03. 페트병을 잡는다.
04. 페트병을 끌어당긴다.
05. 뚜껑을 잡는다.
06. 뚜껑을 시계 반대방향으로 돌려 연다.
07. 뚜껑을 테이블에 놓는다.
08. 페트병을 잡는다.
09. 페트병을 들어올린다.
10. 페트병을 잡은 반대 손에
    컵을 잡는다.
11. 컵을 끌어당긴다.
12. 페트병을 컵 위로 이동시킨다.
13. 페트병의 입구를 아래로 향하게
    기울인다.

14. 물이 조금씩 나오는 각도에서 멈춘다.
15. 컵과 페트병을 교대로 본다.
16. 컵의 80%정도까지 물이 차면
    페트병을 다시 세운다.
17. 컵을 잡은 손을 뗀다.
18. 페트병을 테이블 위에 둔다.
19. 페트병에서 손을 뗀다.
20. 손으로 뚜껑을 집는다.
21. 반대손으로 페트병을 잡는다.
22. 뚜껑을 페트병의 입구로 이동시킨다.
23. 뚜껑을 입구에 덮는다.
24. 뚜껑을 손가락으로 잡는다.
25. 뚜껑을 돌려 닫는다.
26. 뚜껑에서 손을 뗀다.
27. 페트병에서 손을 뗀다.

티셔츠를 입는
행동의 분석

01. 티셔츠를 본다.

02. 양손을 티셔츠로 뻗는다.

03. 양손으로 양 어깨 부분을 집는다.

04. 전체가 보이도록 눈높이까지
위로 들어올린다.

05. 뒤집어지지 않았는지 확인한다.

06. 태그가 위로 향하도록 한다.

07. 평평한 곳에 티셔츠를 둔다.

08. 셔츠 전후가 제대로 맞았는지를 본다.

09. 양손으로 셔츠 옷자락 좌우 양단을
집는다.

10. 셔츠를 머리까지 들어올린다.

11. 셔츠 옷자락 양단을 머리가
들어가도록 둥글게 벌린다.

12. 기어들어가듯 양손으로 머리에 넣는다.

13. 셔츠를 잡아당겨 제일 큰 구멍에
머리를 넣는다.

14. 오른쪽 팔을 티셔츠 아래에서부터
집어넣는다.

15. 오른쪽 팔을 소매부분에 통과시킨다.

16. 오른쪽 팔이 제대로 나올 때까지
완전히 뻗는다.

17. 왼쪽 팔을 티셔츠 아래에서부터
집어넣는다.

18. 왼쪽 팔을 다시 한 번 소매로
통과시킨다.

19. 왼쪽 팔이 제대로 나올 때까지
완전히 뻗는다.

20. 양 손으로 티셔츠 옷깃의 양단을
잡는다.

21. 몸이 보이지 않도록 셔츠를
아래로 당긴다.

22. 티셔츠에서 손을 뗀다.

옮긴이 이혜령 * twitter @_ryoung

문예창작과 일본학을 전공했다. 월간지의 편집 및 취재기자로 일한 후 2006년 일본 유학. 귀국 후 한국의 출판사에 근무하면서 단행본 편집, 해외 저작권 관리, 번역출판 기획자로 활동했다. 2011년 미국 유학 후 2013년 일본으로 건너가 일본의 만화가와 소설가 등이 소속된 아티스트 에이전시 (주)코르크에 합류해 해외진출 사업 시스템을 구축. 현재 한국을 거점으로 프리랜서 번역가, 저작권 관리 및 콘텐츠 기획자로 활동하고 있다. 번역서로는 〈생각의 생각을 만드는 메모의 기적〉, 〈하루가 달라지는 오후의 집중력〉이 있다.

KI신서 6612

화내지 않고
가르치는 기술

1판 1쇄 인쇄 2016년 6월 22일
1판 1쇄 발행 2016년 6월 29일

지은이 이시다 준 **옮긴이** 이혜령
펴낸이 김영곤 **펴낸곳** ㈜북이십일 21세기북스
해외사업본부 간자와 다카히로 황인화 이태화 신미성
디자인 씨디자인: 조혁준 함지은 조정은 김하얀
제작팀장 이영민 **홍보팀장** 이혜연
출판사업본부장 안형태 **출판영업팀** 이경희 정병철 이은혜 유선화
출판마케팅팀 김홍선 최성환 백세희 조윤정

출판등록 2000년 5월 6일 제10-1965호
주소 (10881) 경기도 파주시 회동길 201(문발동)
대표전화 031-955-2100 **팩스** 031-955-2151 **이메일** book21@book21.co.kr

(주)북이십일 경계를 허무는 콘텐츠 리더

21세기북스 채널에서 도서 정보와 다양한 영상자료, 이벤트를 만나세요!
가수 요조, 김관 기자가 진행하는 팟캐스트 '[북팟21] 이게 뭐라고'
페이스북 facebook.com/21cbooks 블로그 b.book21.com
인스타그램 instagram.com/21cbooks 홈페이지 www.book21.com

ISBN 978-89-509-6559-4 03320
책값은 뒤표지에 있습니다.

이 책 내용의 일부 또는 전부를 재사용하려면 반드시 ㈜북이십일의 동의를 얻어야 합니다.
잘못 만들어진 책은 구입하신 서점에서 교환해드립니다.